LA SANTE PAR LA CUISINE HYPOCALORIQUE

les besoins de l'organisme · les aliments conseillés
les "aide-régimes" · le contrôle des calories
l'après-régime

Marie Kermel - Marie-Hélène Salavert
Diététiciennes

LA SANTE
PAR LA CUISINE
HYPOCALORIQUE

les besoins de l'organisme • les aliments conseillés
les "aide-régimes" • le contrôle des calories
l'après-régime

EDITIONS DE VECCHI S.A.
20, rue de la Trémoille
75008 PARIS

Introduction

"La santé par la cuisine hypocalorique" ne prétend pas détenir la solution miracle pour éliminer les "kilos" excédentaires de chacun ou chacune.

Nous avons essayé de faire un constat de tout ce qui se rapporte aux régimes dits amaigrissants. A travers l'étude des dépenses et des besoins de l'organisme dans des circonstances précises, nous vous proposons de rééquilibrer votre alimentation.

Pourquoi prend-on du poids

Il existe mille raisons; la prise de poids correspond pour chacun à un déséquilibre bien précis, car nous sommes inégaux face aux dépenses caloriques.

L'organisme, même au repos le plus complet, brûle des calories: le cerveau pour s'oxygéner, le cœur pour battre, les reins pour éliminer; les muscles, même hors de l'effort, brûlent des calories. La vie la plus sédentaire nécessite, en moyenne, 1000 à 1200 calories. En moyenne, car le besoin en calories est vraiment personnel: il varie selon la taille, le poids, l'hérédité et la composition des tissus de l'individu. Même au repos, les muscles ont besoin de davantage de calories que le tissu adipeux (les cellules à graisses). Ce qui implique que les gros "gras" dépensent moins que les gros "musclés"; à quantité égale de calories, les premiers stockent ce que les seconds dépensent — première injustice —. Le tissu adipeux est constitué dès la petite enfance. Ce tissu est composé d'adipocytes, qui sont les cellules réserves de graisse. On observe deux phénomènes:

— les adipocytes se multiplient en nombre;
— les adipocytes augmentent leur capacité de réserve en graisse, sans augmenter en nombre.

Les deux phénomènes apparaissent sous l'effet d'une surconsommation alimentaire en graisse ou en sucre, pendant la petite enfance jusqu'à l'adolescence.

L'environnement nutritionnel est primordial pendant cette période. C'est pourquoi il est difficile de distinguer s'il s'agit d'une prédisposition héréditaire à l'obésité ou des mauvaises habitudes alimentaires prises dès la petite enfance.

Les cellules adipeuses sont en fait des réservoirs prêts pour le stockage; dès que les recettes excèdent les dépenses, nous stockons l'excédent sous forme de graisse.

C'est la raison pour laquelle il faut veiller à ce qu'un enfant ou un adolescent ne grossisse pas trop (afin de ne pas augmenter ses capacités de réserves et d'éliminer cette inégalité face à l'utilisation des calories).

Cela dit, l'excès de poids le plus fréquent est directement lié au comportement alimentaire. Quel que soit l'âge de la vie, les adipocytes peuvent grossir pour emmagasiner davantage de réserves. C'est ce qui se passe lorsque les apports sont quotidiennement supérieurs aux dépenses caloriques. Peu à peu, l'excédent est stocké sous forme de graisse et c'est ainsi que l'on gagne 1 ou 2 petits kilos par an, pour aboutir à 10 kg au bout de 10 ans, sans avoir eu l'impression de manger trop ou différemment.

De même que l'on peut stocker facilement, il est aisé de libérer des calories en augmentant les dépenses et en diminuant la consommation alimentaire globale. Mais attention! Grossir-maigrir-grossir-maigrir finit par habituer l'organisme à des déséquilibres, et plus on accumule ce genre d'expériences, plus il est dur de maigrir : il s'installe alors un processus irréversible qui fait que lorsqu'on restreint sa consommation alimentaire, on diminue en même temps ses dépenses de base de 15 à 20% ; cette diminution persiste même lorsque l'on réaugmente les ingestas ; au bout d'un certain temps il y a un réajustement des dépenses de base. Si l'alternance des restrictions et des élargissements alimentaires est trop fréquente, les réajustements ne se font plus, et les dépenses de base restent moindres ; d'où l'obligation de suivre une alimentation restrictive jusqu'à la fin de ses jours ou d'avoir une activité physique importante sans augmenter ses ingestas. La seconde solution est très rarement adoptée par les obèses!

Face à cette inégalité de gestion des réserves selon les individus, une seule possibilité pour maigrir efficacement et durablement : il faut perdre du tissu adipeux et augmenter sa masse musculaire gloutonne d'énergie ; cela en abaissant ou en rééquilibrant son apport quotidien de calories et en les brûlant par l'exercice physique.

ACTIVITÉS PHYSIQUES GRIGNOTEUSES DE CALORIES

Dormir	55 kcal/heure
Marcher	100 à 180 kcal/heure
Sauter à la corde pendant 10 mn	150 kcal
Une demi-heure d'aérobic	250 kcal
Bicyclette	350 kcal/heure
Tennis	400 kcal/heure

Jogging	400 kcal/heure
Natation	400 kcal/heure
Squash	600 kcal/heure
Ski de fond	800 à 1300 kcal/heure

Les problèmes physiologiques du fonctionnement du tissu adipeux et des dépenses de base posés, nous savons, tous, qu'il existe diverses raisons d'ordre psychologique qui nous poussent à des comportements alimentaires lourds de conséquences sur la balance!

On prend du poids parce qu'on mange trop, mais ce penchant pour la "grande bouffe" proviendrait d'un dérèglement du cerveau.

La plupart d'entre nous mange sans remords, sans calculs et sans prendre de poids parce qu'un petit ordinateur interne règle les sensations de faim et de satiété: c'est le pondérastat. Il est situé dans l'hypothalamus, juste à côté du centre de l'affectivité!

Comme un ordinateur, il reçoit les informations, les trie, les vérifie et les met en mémoire. Si nécessaire, il avertit le centre de commande, notre cerveau, qui va "décider" et lancer les ordres nécessaires pour établir ou rétablir un équilibre. Il le peut grâce à des "médiateurs chimiques". En pratique, le pondérastat reçoit deux types d'informations:

— les modifications de l'équilibre sanguin: pas assez de glucose, d'acides gras libres, d'acides aminés; le signal *faim* va clignoter et nous pousser à manger. Au bout d'un temps variable suivant les circonstances, les aliments ingérés et les individus, les informations changent entraînant le *stop*;

— les informations beaucoup plus subjectives qui lui viennent des sens : vue, odeur, saveur qui déclenchent, elles, l'appétit (la faim et l'appétit sont deux choses différentes), ou la satiété. Ces informations n'ont rien à voir avec l'apport nutritionnel.

Le pondérastat a mis en mémoire tout ce qui nous a plu ou déplu, écœuré, inquiété chaque fois que nous avons mangé. Chacun de nous a ses propres signaux, nés de l'éducation alimentaire, des habitudes prises ou imposées, des diverses expériences alimentaires. Ils peuvent se modifier au fil des années : l'ordinateur efface certaines données et en retient d'autres.

Dans ce dernier domaine, le pondérastat est en relation avec le système limbique : une zone du cerveau très importante dans notre vie émotionnelle. Ce qui explique les rapports entre l'humeur, les états d'âme, les problèmes, et certains comportements alimentaires : boulimie, grignotage, compensations alimentaires, anorexie...

On prend du poids parce qu'on mange plus qu'on ne dépense (attention aux ascenseurs et aux voitures qui économisent les calories!). Mais manger trop, "ne pas pouvoir s'en empêcher" est une maladie du comportement. Quelque chose s'est détraqué dans le pondérastat. Il ne réagit plus à certains signaux ou s'emballe sur un total plus important. Ce sont des dégâts qui naissent de l'environnement affectif, social ou culturel.

Après avoir posé les problèmes essentiels :
— du métabolisme (des dépenses) de base qui varie selon la morphologie de chacun (avec plus ou moins de tissu adipeux), l'âge, l'activité,
— du pondérastat et de son fonctionnement,
nous pouvons trouver mille autres raisons responsables de la prise de poids, mais pratiquement toutes se rapportent à ces deux problèmes.

On peut prendre du poids parce qu'on mange mal et que l'on accumule les erreurs alimentaires : repas sautés (n'oubliez pas que le petit déjeuner est à considérer comme un repas au même titre que le déjeuner ou le dîner), mauvaise répartition des repas : la vie citadine est la principale cause de ces erreurs alimentaires; la majorité d'entre nous se lève tôt le matin, part sans petit déjeuner, déjeune frugalement dans un café ou une cantine où tout lui semble mauvais, rentre exténué le soir et, enfin, savoure un bon dîner (trop copieux par rapport aux besoins) en famille, avec toute la convivialité qui caractérise les Français. Mais où sont passées les bonnes habitudes de nos ancêtres que l'on retrouve tout de même ponctuellement à la campagne : petit déjeuner gigantesque, déjeuner simple et équilibré, goûter style pain-fromage, et dîner léger afin de se préparer à une nuit calme sans risque d'insomnie liée aux problèmes digestifs.

Or, on sait que la même ration alimentaire bloquée sur un ou deux repas peut faire grossir alors que répartie en trois ou quatre fois, elle n'aura aucune incidence sur le poids.

Parallèlement aux repas sautés, il y a ceux qui grignotent toute la journée n'importe quoi. Et même si l'apport calorique est satisfaisant, on sait que selon l'origine des calories (sucres, graisses, alcool, protéines), il y aura alors prise de poids. Il a été décrit que les sucres et l'alcool sont plus électivement stockés sous forme de graisses que les protéines (cf. chapitre "Les besoins alimentaires").

Certains disent que ce sont les nerfs qui les font grossir. En fait selon les conditions de vie, les problèmes psychologiques (anxiété, angoisse, solitude...) notre comportement alimentaire va se dérégler, et nous changeons notre façon de manger de manière tout à fait inconsciente. On mange davantage pour compenser un manque affectif (cf. notre ouvrage "La cuisine de la santé" : chapitre "Gourmandise et équilibre"). D'autres allèguent un dérèglement hormonal. Il faut savoir que ce cas est rarissime. Il peut y avoir un dérèglement de l'insuline (hormone qui permet l'utilisation des sucres) : lorsqu'il y a trop d'insuline, on peut assister à un stockage excédentaire des graisses (augmentation de la liposynthèse).

Quelques sujets peuvent présenter des anomalies de la glande thyroïdienne : une hypothyroïdie peut alors être responsable d'une obésité. Mais cela est exceptionnel.

On assiste à d'autres dérèglements hormonaux, mais qui ne sont jamais la cause des obésités. Ils peuvent néanmoins en être les conséquences.

Par ailleurs beaucoup de médicaments sont incriminés. Les corticoïdes ou les contraceptifs oraux favorisent la prise de poids surtout parce qu'ils sont apéritifs. Dans un second temps, ils favorisent la liposynthèse.

D'autres drogues utilisées en psychiatrie (les "antidépresseurs") entraînent des accès boulimiques et provoquent par là même une prise de poids. En revanche, certains médicaments (neuroleptiques, psychotropes, lithium) diminueraient le métabolisme de base. Mais les médecins associent à la prescription médicale une prescription diététique.

UN CAS PARTICULIER : LES FUMEURS

Ils augmentent leurs dépenses de base de 20%. A l'arrêt du tabac, leur prise de poids s'explique : ils dépensent soudain 20% de moins que d'habitude, sans modifier leur alimentation; ils vont donc se classer dans le groupe de ceux qui mangent plus qu'ils ne dépensent. Une seule solution : compenser cette différence en exerçant une activité physique! Or l'attitude la plus fréquente des anciens fumeurs est une tendance très nette au grignotage pour compenser l'absence de cigarettes. De plus, la nicotine est un anorexigène.

Arrêter de fumer = augmenter l'appétit. La prise de poids est pratiquement inévitable. Il faut prendre son mal en patience: dans un premier temps, arrêter de fumer (si tel est votre désir), puis entreprendre un régime amaigrissant ou changer son hygiène de vie; une seule frustration à la fois!

Existe-t-il un poids idéal?

Si le poids idéal est un mythe, il existe en contrepartie de nombreuses formules pour le calculer.

Les formules sont approximatives car très théoriques. Elles ne tiennent absolument pas compte de notre physique réel, c'est-à-dire de la répartition du tissu adipeux par rapport au tissu musculaire. Par ailleurs, elles ne prennent pas en compte notre poids de "forme"; celui auquel on se sent le mieux et qui ne correspond pas forcément au poids dit idéal. En fait, nous devons être reconnaissant aux Compagnies Américaines d'Assurance sur la Vie qui eurent le mérite d'introduire la notion de poids "idéal", en calculant statistiquement le poids moyen qui permet une meilleure espérance de vie sans prendre en compte le facteur esthétique.

| | Taille (m) | Squelette | | |
		Léger (kg)	Moyen (kg)	Lourd (kg)
	1,65	55-58,5	57,5-63	61-69
	1,70	58-62	60,5-66,5	64-73
Hommes	1,75	61,5-65,5	64-70,5	68-77
	1,80	65-69,5	68-74,5	72-81
	1,85	72-77	75-83,5	80-90
	1,56	45-49	47,5-53	51-58,5
	1,60	47,5-51	50-55	53,5-61
Femmes	1,66	51-54,5	53-60	57-65
	1,70	53,5-57	56-63	60,5-69

En fait, ce tableau nous montre bien que nous ne sommes pas à un ou deux kilos près, et qu'il est grotesque d'être obsédé par son poids comme le font certains. L'important est de se sentir "bien dans sa peau".

Telle personne pourra être en excellente constitution avec un léger surpoids et se sentir déprimée à l'amaigrissement. Telle autre se jugera trop "grosse" avec un poids tout à fait "normal".

Dans la littérature classique, la formule la plus couramment utilisée est la formule de Lorentz qui fait intervenir la taille et le sexe du sujet :

— *femme* :

$$\text{Poids} = \text{Taille en cm} - 100 - \left(\frac{\text{Taille en cm} - 150}{2,5} \right)$$

— *homme* :

$$\text{Poids} = \text{Taille en cm} - 100 - \left(\frac{\text{Taille en cm} - 150}{4} \right)$$

Il en existe une autre qui tient compte de l'âge mais il a été démontré que la croissance staturo-pondérale (en taille et en poids) s'arrête à 30 ans pour les hommes, 25 ans pour les femmes (avec une variation possible après les accouchements).

Il est à noter que les résultats obtenus par la formule de Lorentz sont proches de ceux des Américains.

La mesure la plus fiable de l'obésité est la mesure du pli cutané qui révèle l'importance du tissu adipeux. C'est sur cette mesure que s'appuie le corps médical lorsqu'un obèse vient le consulter.

Nous parlons sans arrêt d'obèse, lorsque l'on désigne "un gros". En fait, l'obésité a une définition bien précise : on dit d'un sujet qu'il est obèse lorsque son poids dépasse de 10 à 20% la mesure de son "poids idéal".

La majorité des "obèses" qui hantent nos consultations ne répond pas à ce critère. Fort heureusement, car si l'excès de poids conduit à une obésité réelle, la santé des individus est en danger : apparition ou aggravation du diabète, de l'arthrose, de l'hypertension, de la goutte ou d'une maladie cardio-vasculaire.

Mieux vaut se débarrasser de ses kilos excédentaires que d'arriver au stade de l'obésité.

Pourquoi un régime hypocalorique?

Pour forcer l'organisme à utiliser ses réserves, à y puiser pour ses dépenses, donc à lui apporter moins d'énergie extérieure, moins d'éléments facilement stockables.

Hypocalorique signifie pauvre en calories par rapport à la normale, mais ne signifie pas déséquilibré. Nous voulons que chacun perde ses kilos excédentaires de graisse, et non son capital musculaire. Pour cela, il y a toute une série de règles d'équilibre à respecter : un apport régulier de protéines, glucides, lipides, minéraux et vitamines (cf. chapitre "Les besoins alimentaires").

Par ailleurs, il n'existe pas de standard : à chacun correspond un régime hypocalorique particulier.

Ce régime n'est pas obligatoirement une restriction totale et une frustration à toute épreuve.

Il est indispensable de connaître l'apport quotidien de chacun. A partir de cette notion, le régime sera soit un rééquilibre de la ration sans diminuer les calories, soit une redistribution globale des calories en diminuant l'apport de sucres facilement stockables et de graisses.

Un régime hypocalorique est une manière équilibrée de

manger, où l'imagination est de mise pour varier l'alimentation de tous les jours et l'adapter à toutes les circonstances de la vie (restaurant, fête...) sans faire d'excès.

Un régime hypocalorique est une bonne répartition des repas dans la journée. C'est également mieux choisir ses aliments, les cuisiner différemment.

Bref, c'est prendre de bonnes habitudes pour obtenir un amincissement stable.

"La santé par la cuisine hypocalorique" reprend des éléments que nous avons beaucoup plus largement développés dans notre précédent ouvrage : *La cuisine de la santé.*

Nous conseillons aux lecteurs intéressés par les problèmes de nutrition dans leur ensemble et qui voudraient approfondir leurs connaissances des principes diététiques de s'y reporter.

En revanche, ceux d'entre vous qui ne sont préoccupés que par les questions de calories trouveront dans ce guide toutes les indications nécessaires, et suffisantes, pour résoudre leur problème de poids et trouver un bon équilibre alimentaire.

Les besoins alimentaires

Besoins énergétiques

Il est nécessaire, dans un premier temps, de définir ce que signifie le mot "besoins", en matière de diététique alimentaire. L'organisme a besoin de fournir à chacune de nos cellules l'énergie indispensable, pour leur entretien au repos ou en activité, pour les synthèses de croissance et de renouvellement.

Notre corps est comparable à une usine.

Il va pouvoir fonctionner grâce à l'énergie (les kilocalories) libérée à partir de certains matériaux (les aliments en l'occurence pour l'homme).

L'organisme humain dépense de l'énergie.

Il est d'usage de distinguer différents postes de dépenses.

LES DÉPENSES NÉCESSAIRES AU FONCTIONNEMENT DE LA MASSE ACTIVE DE L'INDIVIDU

La masse active représente le corps humain où serait exclu le tissu adipeux qui joue surtout un rôle de réserve.

Cette dépense correspond à l'énergie mise en œuvre pour les battements cardiaques (4% de l'énergie totale), les mouvements respiratoires (10%), le tonus musculaire, les mouvements circulatoires, l'activité cellulaire (70%).

LES DÉPENSES LIÉES À LA THERMORÉGULATION (MAINTIEN DE LA TEMPÉRATURE DU CORPS)

Dans les régions froides, ces dépenses augmentent.

Chez les femmes, on observe une meilleure isolation thermique; elles sont moins sensibles aux variations de températures, du fait de leur tissu adipeux qui est plus épais que chez les hommes.

Il y a une adaptation de notre organisme, et dans nos pays tempérés, ces dépenses existent mais elles sont vraiment très faibles.

LES DÉPENSES LIÉES À L'ACTE ALIMENTAIRE

Certains nutriments entraînent une dépense plus grande lors de leur digestion, assimilation et transformation en énergie. Les protéines ou protides font partie de ce groupe.

LES DÉPENSES LIÉES AU TRAVAIL MUSCULAIRE

Ce poste de dépense est très variable. Selon le travail fourni, nous dépensons plus ou moins d'énergie.

Cela peut aller de 150 à 200 kcal pour un travail léger et de 400 à 600 kcal pour un travail intense.

Il est nécessaire de souligner que le travail intellectuel n'entraîne aucune augmentation de dépenses, mais il nécessite une prise alimentaire équilibrée et bien répartie au cours de la journée afin de permettre une meilleure attention.

L'adolescent présente une augmentation des dépenses, liée à la croissance.

Lors de la grossesse et de l'allaitement chez une femme, les besoins augmentent sensiblement, en fonction de sa corpulence et de son état de nutrition de départ.

	Activité faible (kcal)	Activité légère (kcal)	Activité forte (kcal)	Métabolisme de base (kcal)	Femme enceinte (kcal)
Homme	2100	2700	3500	1300	—
Femme	1800	2000	2200	1100 à 1200	1800 à 2250

L'énergie pour assurer toutes ces dépenses est fournie par les aliments sous la forme de trois nutriments : les protides, les lipides et les glucides.

L'énergie est exprimée en kilocalories (kcal).

1 kcal = 4,18 kJ (Unité Internationale).

1 g de protides libère 4 kcal (17 kJ).

1 g de lipides libère 9 kcal (38 kJ).

1 g de glucides libère 4 kcal (17 kJ).

En outre l'organisme est en perpétuel renouvellement. Des cellules sont constamment détruites et reconstruites ce qui nécessite un apport quotidien de certaines substances qu'il ne peut pas fabriquer : les protides, les vitamines, les minéraux, les fibres et l'eau.

Les protides

Rôle : l'intérêt majeur de consommer des protides ou protéines réside dans le fait qu'ils ont un rôle constructeur par excellence.

Les protéines permettent le renouvellement cellulaire, la fabrication des hormones, du sang, du tissu musculaire.

Grâce à un apport régulier et équilibré de protéines, nous conservons notre capital musculaire, but recherché dans un régime hypocalorique. Lorsqu'on suit un régime amaigrissant, il faut "solder" ses réserves adipeuses (graisseuses), et surtout ménager ses muscles. Il faut savoir maigrir intelligemment. Le problème est que, lors d'un régime hypocalorique, si l'apport en protéines est insuffisant, l'organisme libère en priorité les réserves musculaires! Il faut veiller à un apport très régulier de l'extérieur, supérieur à la moyenne.

Place: dans un régime hypocalorique au long cours, inférieur à 1800 kcal, l'apport en protides doit représenter jusqu'à 30% des kcal totales (la moyenne dans un régime normal est de 12% des kcal totales).

Les protéines sont composées de substances disposées en chaînes: les acides aminés; 8 sont indispensables, c'est-à-dire non fabriqués par l'organisme. Nous devons les retrouver dans les apports alimentaires. La protéine de référence (qui contient tous les acides aminés indispensables) est l'œuf. Les aliments que nous devons consommer électivement pour couvrir ce besoin sont: les œufs, les viandes maigres (la viande est riche en protides, mais aussi en graisses cachées et, dans un régime hypocalorique, on essaie de limiter la consommation de graisse), les poissons, les produits laitiers écrémés.

Les féculents et les légumes secs contiennent aussi des protéines, mais ils sont surtout sources de glucides et donc très riches en calories; nous les éviterons.

Les lipides (graisses ou matières grasses)

Les lipides contiennent de l'énergie sous une forme très concentrée.

On distingue deux sortes de lipides:

— les *lipides visibles* qui servent à la préparation et à l'assaisonnement: beurre, huile, margarine, saindoux;

— les *lipides invisibles* qui forment un constituant de certains aliments : viande, poisson, jaune d'œuf, charcuterie, lait et produits laitiers non écrémés. Ils représentent les 3/5e de notre consommation lipidique.

Tous ces lipides sont constitués d'acides gras.

On distingue les *acides gras saturés* et les *acides gras insaturés* (monoinsaturés et polyinsaturés).

Graisses "visibles"	Riches en	Graisses "cachées"
Beurre, crème, saindoux, huile solide de noix de coco, margarine ordinaire (emballage papier)	Acides gras	Mouton, bœuf, charcuterie...
Huile d'arachide, huile d'olive, huile de colza, margarine végétale (en pot)	Acides gras monoinsaturés	Porc, volaille
Huile de tournesol, huile de soja, huile de maïs, huile de pépins de raisin, huile de noix, noisettes, margarine au tournesol, au maïs	Acides gras polyinsaturés	Poisson

Parmi les acides gras qui constituent les lipides certains sont dits essentiels parce qu'ils ne peuvent pas être fabriqués par l'organisme et ont un rôle irremplaçable.

Il faut en apporter une certaine quantité par notre alimentation. Les acides gras essentiels (AGE) sont l'acide arachidonique et l'acide linoléique. On trouve très peu d'acide arachidonique dans la nature. Cependant il peut être fabriqué à partir de l'acide linoléique qui, lui, est très répandu, en particulier dans les végétaux.

Les acides gras sont indispensables à la fabrication des cellules nerveuses, à l'intégrité de la peau, à la croissance. Ils jouent aussi un rôle dans les plaquettes sanguines par l'intermédiaire des prostaglandines.

Le besoin en AGE est de 3 à 5 g par jour. Il est couvert par 1 cuillère à soupe par jour d'huile de maïs ou de soja ou de tournesol ou de pépins de raisin ou de noix, ou de noisettes.

Les acides gras saturés sont surtout les transporteurs de certaines vitamines liposolubles A et D. Ces vitamines vont être apportées par le lait, les produits laitiers, le beurre et les œufs.

Les viandes contiennent aussi des acides gras saturés. Les nutritionnistes ont remarqué, ces dernières années, que l'augmentation de la consommation de viande (entre 200 à 300 g par jour, au lieu de 100 à 150 g dans une alimentation normale) s'associait à une augmentation des maladies cardio-vasculaires.

Ces graisses saturées entraînent une augmentation du cholestérol sanguin; elles présentent un risque face aux maladies cardio-vasculaires.

Il faut donc se limiter à un apport de graisses invisibles pour le groupe viande-poisson-œufs qui corresponde à 200 g par jour, soit 20 g de lipides (n'oublions pas l'intérêt des protéines apportées par ces aliments).

Le complément calorique sera apporté par les graisses visibles:

— du *beurre* (en quantité limitée) car il apporte en plus de la vitamine A;

— des *produits laitiers demi-écrémés* (surtout pas entiers) car ils apportent, en plus, de la vitamine A, D et du cal-

cium. Leur richesse en protides en fait des aliments encore plus intéressants dans les régimes hypocaloriques;
— des *huiles végétales* (en quantité limitée) riches en acides gras essentiels.
Les lipides doivent représenter 30 à 35% des kilocalories totales afin de couvrir essentiellement leur rôle constructeur sans favoriser le stockage.

Les glucides

Ils sont une source d'énergie plus rapidement utilisable que les lipides. Ils ne doivent jamais être supprimés totalement de l'alimentation.
Ils sont utilisés de manière préférentielle par l'organisme comme source d'énergie. Ils permettent ainsi de réserver la consommation des protides à la formation, l'entretien et le renouvellement des cellules de l'organisme.
On distingue:
— les sucres simples ou d'absorption rapide;
— les sucres complexes ou d'absorption lente.

LES GLUCIDES SIMPLES

Ce sont des petites molécules qui, vite digérées, passent rapidement de l'intestin dans le sang, en libérant tout de suite de l'énergie à l'organisme.
Saccharose et produits dérivés: miel, confiture, sucre, chocolat, entremets, confiseries, bonbons, jus de fruits sucrés...
Les fruits, les légumes verts, les produits laitiers contiennent respectivement des sucres simples: fructose, lactose en quantité variable qui suffisent largement pour couvrir les besoins en sucre. Ils doivent figurer dans la ration quotidienne en raison de leur teneur en vitamines, minéraux et fibres.

Ils sont digérés plus lentement du fait de la longueur de leurs molécules.

Les glucides complexes vont apporter, d'une façon progressive et continue, l'énergie nécessaire au fonctionnement vital de notre organisme.

Il s'agit de l'amidon que l'on trouve dans les céréales (blé, maïs, riz... et leurs dérivés: pâtes, semoule, farine...), les légumes secs et les pommes de terre.

On devra retrouver un de ces groupes d'aliments à chaque repas afin d'apporter l'énergie nécessaire pour un bon rendement.

Ils vont représenter 35 à 40% des kilocalories totales, le besoin minimum étant fixé à 90-100 g par jour.

Les sucres simples (à absorption rapide) dans une alimentation normale représentent 1% des kilocalories apportées par les glucides. Dans un régime hypocalorique, ils ne sont absolument pas nécessaires; seuls les glucides rapides apportés par les fruits, les légumes et les produits laitiers sont indispensables.

Les sucres complexes, quant à eux, selon la prescription du régime (plus ou moins hypocalorique) doivent être présents au moins au petit déjeuner, puis aux autres repas si le taux calorique le permet.

Les vitamines

Définition: une vitamine est une substance essentielle à la vie, non synthétisée par l'organisme et dont la privation d'apport conduit à un syndrome de carence.

Elles sont actives à faibles doses. Elles sont indispensables au bon fonctionnement de l'organisme. Elles entrent dans de nombreuses réactions chimiques, permettant l'utilisation des divers nutriments absorbés.

Le besoin en vitamines dépend:
— de l'état de santé de l'individu;
— de la ration alimentaire (si on consomme beaucoup de glucides, il faut augmenter l'apport en vitamine B, par exemple);
— de l'activité, du mode de vie (un fumeur voit son besoin en vitamine C augmenter...).

Les vitamines sont classées en général en deux groupes:
— les vitamines solubles en milieu lipidique: A, D, E, K;
— les vitamines solubles dans un milieu aqueux: C, groupe B (thiamine ou B_1, riboflavine ou B_2, acide nicotinique ou PP, pyridoxine ou B_6, acide folique, B_{12}, l'acide pantothénique et la biotine).

VITAMINE A

Source: la vitamine A est présente dans les aliments d'origine animale: lait, fromage, beurre, œufs, foie d'animaux. Les aliments végétaux comme les carottes, les légumes à feuilles... contiennent aussi de la provitamine A ou carotène (transformée en vitamine A dans le foie).

Le régime hypocalorique trouvera surtout la vitamine A sous forme de provitamine A, les aliments riches en matières grasses comme le lait entier, les fromages titrant plus de 43% de matières grasses étant à limiter, voire à supprimer.

Rôle: la vitamine A intervient dans la fonction visuelle; c'est elle qui permet une bonne vision nocturne.

Le rétinol ou vitamine A est indispensable à tous les tissus épithéliaux. Il facilite la sécrétion des mucus, il entre dans la composition de toutes les membranes cellulaires, il joue un grand rôle au niveau de la peau.

De nombreuses études ont montré le rôle de prévention de la vitamine A dans les cancers de la peau.

La vitamine A intervient aussi dans la protection contre les infections.

Elle participe activement à la croissance.

Besoin: la carence en vitamine A est très rare.

En revanche, c'est une des seules vitamines qu'on puisse stocker au niveau du foie; une trop grande consommation de vitamine A fatigue la fonction hépatique.

Les besoins sont supérieurs chez l'homme. Les besoins en vitamine A étaient jusqu'à maintenant exprimés en Unité Internationale (U.I.). Il devient de plus en plus courant de les exprimer en Equivalent Rétinol (E.R.):

— 5000 U.I. correspondent à 1000 E.R.

Apports conseillés en vitamine A:
— chez l'homme: 1000 E.R.;
— chez la femme: 800 E.R.;
— chez la femme qui prend des contraceptifs oraux: 1000 E.R.

La vitamine A est sensible à la chaleur et à la lumière; elle peut être détruite à la cuisson.

VITAMINE D (calciférol)

Source: les aliments en contiennent peu, à part les huiles de certains poissons, le foie, les œufs et le beurre.

Le lait maternel en contient aussi, non seulement dans la phase grasse, mais aussi dans la phase aqueuse. Le nourrisson absorbe donc la quantité nécessaire de vitamine D, même s'il ne tète pas très longtemps: 1 seule goutte de "Stérogil" est nécessaire pour complémenter les apports.

La principale source de vitamine D nous vient des rayons ultraviolets du soleil qui activent les précurseurs de la vitamine D présents dans la peau.

Rôle: la vitamine D permet l'absorption intestinale du calcium et la fixation osseuse de ce même calcium.
Une déficience d'apport de vitamine D est responsable du rachitisme.

Besoin: auparavant exprimé en Unité Internationale (4000 U.I. pour les adultes), il est maintenant formulé en microgrammes:
— adultes: 10 microgrammes par jour.

VITAMINE E (tocophérol)

Source: la vitamine E se trouve essentiellement dans l'huile vierge, c'est-à-dire de première pression à froid, ainsi que dans les huiles de colza, de maïs, de soja, de tournesol. On en trouve aussi dans le foie et les germes de céréales ainsi que dans les légumes très verts (choux, salades, épinards).

Rôle: la vitamine E va de pair avec les acides gras insaturés. Elle joue un rôle dans la protection des membranes cellulaires. Elle interviendrait dans la fabrication des prostaglandines et des hormones sexuelles.
La vitamine E serait un agent de désintoxication ainsi qu'une vitamine antivieillissement.

Besoin: il est exprimé en Unité Internationale. Il est corrélatif au besoin en acides gras: il faudrait 1 mg de vitamine E pour 1 g d'acides gras polyinsaturés:
— chez l'adulte: 12 à 15 U.I.

VITAMINE K

Source: la vitamine K est présente dans les légumes verts (épinards, choux, tomates), le foie, les œufs ainsi que dans la viande. Une carence alimentaire n'existe pas. Il est inutile d'en fixer les besoins minimums; la flore intestinale se charge de la synthétiser.

Rôle: la vitamine K intervient dans le mécanisme de la coagulation sanguine.

VITAMINE C (acide ascorbique)

Cette vitamine n'est indispensable que pour l'homme.

Source: elle est essentiellement présente dans les végétaux frais (légumes, fruits frais). Le lait maternel ainsi que les laits maternisés contiennent la vitamine C nécessaire aux nourrissons pendant les trois premiers mois de leur vie.
Cette vitamine est très sensible à la chaleur (perte de 50% à la cuisson).

Rôle: la vitamine C facilite l'absorption et le transport du fer. Elle intervient au niveau de la fabrication des tissus et des cellules. Par ailleurs, elle stimule les défenses de l'organisme contre les infections. Elle joue un rôle essentiel dans le maintien de l'intégrité des parois vasculaires.

Besoin: il s'exprime en milligrammes:
— adultes: 60 à 100 mg par jour;
— chez le fumeur, le besoin augmente. Il est situé aux environs de 140 mg par jour.
Le besoin s'accroît aussi avec l'effort physique.
Il n'existe pas d'hypervitaminose car l'excédent est éliminé par les urines.

VITAMINE B

Ces vitamines ont en commun, comme la vitamine C, d'être hydrosolubles et surtout d'intervenir dans la composition des systèmes enzymatiques nécessaires à la vie. Le système enzymatique correspondrait aux bougies d'une voiture. C'est l'étincelle de la digestion.

Vitamine B₁ (thiamine)

Source: le pain complet est la principale source de vitamine B_1 (le pain blanc en est moins riche) mais nous n'en consommons pas suffisamment pour couvrir le besoin. Aussi, devons-nous en puiser le complément dans les légumes secs et la viande de porc.

Que les grands consommateurs de levure soient ravis, leur besoin est couvert grâce à leurs granulés ou poudre.

L'adjonction de vitamine B_1 aux aliments est interdite en France.

Rôle: c'est la plus importante des vitamines du groupe B, par le rôle essentiel qu'elle joue dans la dégradation des glucides.

Elle permet aux glucides alimentaires de se transformer en énergie. Par ailleurs, elle est nécessaire au bon fonctionnement du système nerveux, car elle entre dans la composition des cellules nerveuses.

On la retrouve aussi dans le fonctionnement du système musculaire et, en particulier, dans le système cardio-vasculaire.

La voie de dégradation de l'alcool est parallèle à celle des glucides, la vitamine B_1 est là aussi nécessaire pour une bonne utilisation de l'alcool en énergie.

Besoin : il dépend de la teneur en glucides et en alcool de la ration. Un besoin minimum est tout de même fixé à 1,3 mg par jour car il n'existe pas de stockage de vitamine B_1 :

— hommes et femmes adultes : 1,3 à 1,5 mg par jour;
— sportifs : 1,8 mg par jour.

Vitamine B_2 (riboflavine)

Source : la vitamine B_2 est très répandue dans la nature. On la trouve, en particulier, dans le foie, le cœur, les reins, le lait et les enveloppes et germes de blé. La levure de boulanger en est aussi très riche.

Rôle : elle n'est pas utilisée directement, après phosphorisation. Elle a un rôle majeur dans le métabolisme des protides, des lipides et des glucides.
En outre, elle a une action générale sur le maintien en bon état des muqueuses, des tissus et des organes.
Elle favorise la croissance, et joue un rôle dans le phénomène de la vision.

Besoin :

— hommes : 1,8 mg par jour;
— femmes : 1,5 mg par jour.

Une alimentation variée couvre largement ces besoins.

Vitamine B_5 (acide pantothénique)

Source : la vitamine B_5 est très répandue dans la nature, dans les végétaux et dans les produits d'origine animale, sans oublier la levure.

Rôle: l'acide pantothénique est nécessaire au maintien en bon état de la peau, des cheveux et des muqueuses.
Il aide à la cicatrisation.
Il intervient dans toutes les réactions permettant la libération d'énergie.

Besoin:
— adultes: 7 à 10 mg par jour.

Vitamine B₆ (pyridoxine)

Source: comme toutes les vitamines du groupe B, on la trouve un peu partout: viandes, abats, poissons, céréales, légumes verts, fruits, soja.

Rôle: la vitamine B_6 participe à de très nombreuses réactions métaboliques. Elle intervient surtout dans la dégradation et la synthèse des acides aminés ainsi que dans le passage des acides aminés en glucides.
C'est elle aussi qui permet la libération d'énergie dans le muscle lors des efforts musculaires.
Son rôle se situe par ailleurs dans la fabrication de l'hème de l'hémoglobine.

Besoin:
— femmes: 2 mg par jour;
— hommes: 2,2 mg par jour.

Vitamine B₁₂ (cyanocobalamine)

Source: la vitamine B_{12} se trouve essentiellement dans le règne animal: les abats en sont les plus riches ainsi que les coquillages et les crustacés.

Un apport régulier de viande de bœuf, de lait et de produits laitiers assure la couverture des besoins.

Rôle: vitamine antianémique, elle est nécessaire à la formation des globules rouges. Elle participe à de nombreuses réactions de dégradation. Elle est indispensable à la fabrication des protides.

Besoin:
— adultes: 3 microgrammes par jour.

VITAMINE PP (acide nicotinique = niacine)
PP signifie Prévention de la Pellagre.

Source: la vitamine PP se trouve dans les abats (foie, cœur, reins). On la trouve aussi dans la viande, le poisson, les légumes secs, certains fruits (avocat, figue, datte, prune) et aussi dans le café torréfié.

Rôle: elle participe à la fourniture de l'énergie dans toutes les réactions métaboliques de l'organisme.
Elle est nécessaire à la croissance.

Besoin: il s'exprime en Equivalents Niacine.
— hommes: 18 E.N. par jour;
— femmes: 15 E.N. par jour.

ACIDE FOLIQUE (ou vitamine B_9)

Source: l'acide folique se trouve essentiellement dans certains végétaux (asperges, épinards, choux, artichauts, haricots verts) en particulier les légumes à feuilles. Sinon, le complément est apporté par les légumineuses, les pommes de terre, les abats.

Rôle : elle est nécessaire à la reproduction cellulaire (les globules rouges et blancs, les cellules nerveuses).
Elle permet la fabrication des acides nucléiques.
Sa carence entraîne une anémie.

Besoin :
— adultes : 400 microgrammes par jour.

BIOTINE (vitamine H)

Source : la biotine est synthétisée par la flore intestinale.
Sinon, elle est présente un peu partout dans la nature, en particulier, dans les fruits oléagineux et dans le chocolat.

Rôle : elle joue un rôle dans l'intégrité de la peau et dans le métabolisme des lipides et des glucides.

Besoin :
— adultes : 100 à 300 microgrammes par jour.
Dans un régime hypocalorique, on devra se contenter de la biotine fabriquée par la flore intestinale.

Les minéraux

Substances de soutien au même titre que les vitamines, ils sont indispensables au bon fonctionnement de notre organisme, mais n'apportent pas d'énergie.
Leur présence en plus ou moins grande quantité dans notre

corps y conditionne l'équilibre des réactions biologiques, la solidité de certains tissus.

Nous citerons les minéraux les plus importants, à savoir : le calcium, le fer, le magnésium, le phosphore, le sodium, le chlore, le potassium et le soufre.

Dans cette rubrique, nous allons aussi aborder les oligo-éléments qui sont des minéraux qui agissent en quantité infime mais dont la carence peut être dangereuse : le zinc, le cuivre, le cobalt, l'iode, le manganèse et le fluor.

Le calcium

Source : le besoin en calcium est couvert aux 2/3 par le lait et les produits laitiers, les fromages et 1/3 par les végétaux (fruits et légumes). N'oublions pas les eaux de boisson.

A noter que les fromages et les produits laitiers entiers contiennent une quantité non négligeable de matières grasses, ils sont donc à consommer en quantité contrôlée dans le cadre d'un régime hypocalorique.

Rôle : c'est le minéral que l'on trouve en plus grande quantité dans l'organisme (1,200 kg du corps d'un adulte).
99 % du calcium est fixé dans le squelette. Il lui assure sa rigidité et sa solidité. Il agit en corrélation avec le phosphore.

Le calcium intervient aussi dans de nombreux processus biologiques dont les plus importants sont le rythme cardiaque, la coagulation sanguine et l'excitabilité neuromusculaire.

Par ailleurs, il joue un rôle dans le maintien de l'intégrité des membranes des cellules.

Besoin : il est difficile à évaluer car plus on en apporte et moins le calcium est absorbé. Il y a adaptation de l'absorp-

tion. Par ailleurs, le calcium n'est absorbé qu'en présence de vitamine D. Certains éléments ralentissent son absorption : l'acide oxalique (épinards, oseille, rhubarbe, cacao, thé, bière) et l'acide phytique (pain complet, légumes secs) :
— adultes : 800 mg par jour.

LE FER (Fe)

Source : le fer se trouve surtout dans le foie mais aussi dans les légumes secs, les choux, les épinards où il est moins bien absorbé. Par ailleurs, le soja et les œufs sont de bonnes sources complémentaires.
Le fer apporté par la viande est mieux absorbé que celui d'origine végétale.

Rôle : il est indispensable à la vie car il permet la constitution de l'hémoglobine des globules rouges (70%).
Il est également nécessaire à la formation de la myoglobine qui est le pigment musculaire par excellence.
Il assure le transport de l'oxygène des poumons vers les organes.
Il entre dans la composition de certains enzymes qui vont permettre de faire fonctionner le reste de l'organisme.

Besoin : il existe un stock de fer dans le foie, la rate et la moelle osseuse mais un apport régulier est indispensable. Tout comme le calcium, lors d'une période de dénutrition, l'absorption intestinale du fer est augmentée ainsi que pendant la grossesse et l'allaitement :
— hommes : 10 mg par jour;
— femmes : 16 à 18 mg par jour (augmentation des pertes lors des menstruations).
Le fer est mieux absorbé en présence de vitamine C.

N.B. Le nouveau-né a un stock de fer satisfaisant pour couvrir ses besoins jusqu'à au moins 6 mois. A partir de cette date, on peut commencer à diversifier l'alimentation, en particulier, à introduire de la viande et des fruits afin de lui permettre de reconstituer progressivement un stock de fer. Le besoin est couvert par la consommation :
— de foie, 1 fois par semaine
— de 2 œufs, 2 fois par semaine
— de viande rouge, 1 fois par semaine
avec des légumes verts à tous les repas, ceci dans le cadre du régime hypocalorique.
Attention au thé qui inhibe l'absorption du fer.

Le magnésium

Source : les céréales complètes, le maïs, les fruits secs (figues, abricots...), les oléagineux (noix, noisettes, cacahuètes) et surtout le chocolat (cacao) en sont très riches.
Dans les régimes dits amaigrissants, nous puiserons le magnésium dans les sources appréciées comme secondaires : les légumes verts (épinards, bettes) et les coquillages (huîtres).

Rôle : il intervient au niveau du système nerveux central, au même titre que le calcium; un excès entraîne des effets sédatifs, une carence provoque l'irritabilité.
Il a un rôle majeur dans la libération d'énergie à partir des nutriments, il permet la synthèse des protéines (A.D.N., A.R.N.).
Il joue un rôle dans la contraction musculaire et active certaines enzymes.

Besoin :
— adultes : 350 mg par jour.

Il est recommandé de manger au moins une portion de légumes verts par repas, et une fois dans la semaine des coquillages.

LE PHOSPHORE

Source : on en trouve pratiquement dans tous les aliments, et plus particulièrement dans les fruits oléagineux, le chocolat et le soja. La viande et le poisson en sont aussi d'excellentes sources à primer dans le régime hypocalorique.

Rôle : le phosphore constitue avec le calcium la trame minérale de l'os.
Il intervient dans la libération d'énergie à partir des nutriments ingérés et dans la constitution cellulaire.
Tout comme le magnésium, il permet l'activité enzymatique.

Besoin : il est du même ordre de grandeur que le calcium car pour une bonne utilisation de ces deux minéraux, il doit y avoir autant, voire même plus de phosphore.
Il n'existe pas de carence en phosphore dans nos pays.

SODIUM - CHLORE - POTASSIUM

Source : sodium : le sel, les charcuteries, le fromage; en fait tous les aliments contiennent du sel.
Chlore : olives, caviar, le sel, ici aussi pas de carence possible au niveau de l'alimentation.
Potassium : les fruits et les légumes secs, le jambon, les pommes de terre, et pratiquement tous les aliments.

Rôle : ils jouent, les trois ensembles, un rôle essentiel dans l'équilibre osmotique dans l'organisme : leur présence détermine la quantité d'eau à l'intérieur ou à l'extérieur des cellules.

Le potassium est contenu dans les liquides à l'intérieur des cellules, le sodium et le chlore dans le liquide à l'extérieur des cellules. Plus spécifiquement, le potassium intervient dans l'excitabilité neuromusculaire.

Besoin: il est largement couvert par l'alimentation:
— le *sodium*: compte tenu des pertes obligatoires par les urines, la peau, les fèces et la transpiration, les besoins minimums sont évalués à 1-1,5 g par jour (l'alimentation en apporte environ 4 à 8 g). Les besoins réels se chiffrent aux alentours de 3 g de NaCl.
  La suppression des charcuteries et la limitation de la consommation de fromages ne gênent en rien l'équilibre osmotique.
  Par ailleurs, les régimes hypocaloriques sont très souvent "sans sel". Sans raison d'ailleurs car le sel ne fait pas plus spécifiquement grossir qu'autre chose. Les médecins prescrivent un régime sans sel afin de diminuer la sapidité des aliments et pensent ainsi que leurs patients réduiront d'autant leur consommation globale;
— le *potassium*: 50 mg par jour (l'alimentation en apporte 2 à 4 g);
— le *chlore*: 1 g par jour, besoin largement couvert par le sel (l'alimentation en apporte 6 g).

Le soufre

Source: végétaux essentiellement: radis noir, radis, choux, ail, cresson, pommes de terre, amande.

Rôle: il est présent dans toutes les cellules. Il entre dans la composition des dents, des phanères, des tendons, des articulations. C'est aussi un dépuratif et un anti-infectieux intestinal.

Besoin : il est mal connu. Mais une alimentation variée, avec deux crudités et un plat de légumes par jour couvre les besoins.

LE ZINC

Source : les coquillages marins (les huîtres), le poisson, les viandes blanches et rouges.

Rôle : il entre dans la composition de nombreux enzymes (les enzymes étant "l'allumage" de toutes les réactions qui font fonctionner l'organisme).
Il est lié à l'insuline (l'hormone qui permet une bonne utilisation et distribution des glucides).
Par ailleurs, une carence entraînerait un retard de croissance accompagné d'un grave retard du développement des testicules.

Besoin : environ 15 mg par jour chez l'adulte.
Attention à l'acide phytique (présent dans le pain complet et les légumes secs) et au cuivre qui diminuent son absorption.

LE CUIVRE

Source : foie de veau et de mouton, coquillages marins (coquilles St-Jacques, huîtres, moules), poisson, cacao, blé.

Rôle : il est indispensable à la synthèse de l'hémoglobine (il permet la fixation du fer). Il intervient dans la synthèse des protéines (A.T.P.).

Il joue un rôle dans la formation des os. C'est un élément anti-infectieux, anti-virus et anti-inflammatoire.
Une carence entraîne à long terme une anémie hypochrome avec pâleur; on observerait une augmentation de la cholestérolémie.

Besoin: 2 mg par jour.

LE COBALT

Source: dans pratiquement tous les végétaux (fruits et légumes).

Rôle: anti-anémique.
Avec le fer et le cuivre, il joue un rôle dans la formation de l'hémoglobine.

Besoin: il est couvert par une alimentation équilibrée.

L'IODE

Source: sel marin, sel enrichi en iodure de potassium, poissons de mer, fruits de mer, algues marines, certaines eaux de boisson.

Rôle: il est nécessaire et indispensable à la fabrication des hormones thyroïdiennes.

Besoin:
— chez l'adulte: 120 microgrammes par jour;
— chez l'adolescent et la femme enceinte: 140 microgrammes par jour.

LE MANGANÈSE

Source : céréales, cresson, chou, pommes de terre, oignons, carottes, foie des animaux.

Rôle : il est analogue à celui du zinc, il est plus lié à l'activité des vitamines du groupe B.
Sa carence peut entraîner une anémie et un retard de croissance des testicules.

Besoin : environ 0,1 mg par jour.

LE FLUOR

Source : les eaux de boisson (Badoit, en particulier), mais il est nécessaire de regarder les étiquettes des produits car une teneur de 1 mg/litre est largement suffisante.
On en trouve aussi dans le thé.

Rôle : il est indispensable à la croissance (il joue un rôle dans l'utilisation du calcium avec le phosphore).
Il entretien l'émail dentaire et prévient les caries.

Besoin : trop d'apport altère l'émail : attention aux excès; de plus, cela peut entraîner un trouble de la minéralisation.

L'eau

"Nous mourons de soif plus vite que de faim".
Lorsqu'on parle d'équilibre alimentaire, l'eau est indissociable des autres nutriments. Notre corps est composé de 55 à 60% d'eau.

Il est indispensable d'en boire pour permettre à notre organisme de renouveler ce capital.

Un apport d'eau quotidien permet un bon échange cellulaire et le drainage de toutes les toxines issues de la digestion et des diverses réactions qui permettent à notre organisme de fonctionner.

Nous éliminons l'eau de deux façons : la perspiration cutanée et pulmonaire, et par les urines.

1 litre 200 de liquides est conseillé pour permettre une bonne fonction rénale et une élimination correcte.

Nombreuses sont les personnes, qui ne buvant aucun liquide, se plaignent de constipation. L'eau des boissons augmente le volume du bol alimentaire.

L'eau peut être bue à n'importe quel moment de la journée, avant, pendant ou après les repas, l'essentiel étant d'en boire. Il est sûr que de boire 1 litre d'eau pendant un repas va diluer le bol alimentaire et les sucs digestifs, en entraînant un inconfort digestif, davantage lié aux volumes ingérés qu'à la qualité du bol alimentaire.

Notre besoin en eau est couvert par 1 litre 200 de boisson plus 1 litre d'eau de composition des aliments (par exemple, la viande contient 60% d'eau, le lait 70%, le yaourt 70%, les fruits 80% et plus...).

QUE BOIRE ?

En priorité les eaux des robinets. A chaque ville correspond une eau dont la composition peut varier au cours d'une même journée. Elles restent les moins chères et accessibles à tous.

Toutes les sources d'eau de ravitaillement des villes sont contrôlées périodiquement par les services d'hygiène.

Certains "trucs" existent pour la rendre meilleure à la consommation: la mettre au réfrigérateur pendant quelques heures, par exemple. "Camoufler" son goût par l'adjonction de sirops entraîne une surconsommation de sucre; on peut l'aromatiser avec du jus de citron.

Si vous ne pouvez pas supporter le goût de l'eau du robinet, un dernier recours: les tisanes et les infusions, le thé ou le café légers.

Nous ne pouvons pas parler de l'eau sans citer les autres eaux que celles du robinet: les consommateurs sont largement dirigés par la publicité vers les eaux minérales et les eaux de source qui ont pour intérêt majeur d'être propres, mais aussi des propriétés thérapeutiques reconnues.

On ne peut pas consommer de façon excessive des eaux trop minéralisées sans avis médical précis qui correspondra aux vertus thérapeutiques de ladite eau.

Certaines sont intéressantes du fait de leur faible minéralisation: Evian et Volvic, par exemple, dont l'emploi est préconisé pour les biberons des nouveau-nés, l'eau du robinet étant trop riche pour eux en chlore ou en calcaire ou en sel (les eaux adoucies sont très riches en sel).

D'autres eaux minérales comme Vichy, Badoit, sont indiquées dans certains troubles de déshydratation; Vittel Hépar est à recommander à ceux qui manquent de magnésium; Badoit est intéressante pour sa richesse en fluor (cf. tableau). Perrier est à mettre à part, car c'est une eau gazeuse naturelle, à teneur équilibrée en minéraux et surtout sans sel.

Source	Sodium	Magnésium	Fluor	Calcium	Bicarbonates	Sulfates
Vichy St-Yorre	+ + +		+		+	
Vichy Célestin	+ + +		+		+	
Badoit	+	+ +	+ +			
Contrexéville		+ +		+ + +		+ +

Source	Sodium	Magné-sium	Fluor	Calcium	Bicarbo-nates	Sulfates
Vittel Hépar	+	+ + +		+ + +		+ +
Vittel grande Source				+ +		+ +
Perrier					+	
Evian				+		
Volvic	traces			+		

+   peu
+ +   moyen
+ + + beaucoup

Les fibres

Ce ne sont pas des nutriments, mais leur présence est indispensable au transit intestinal de notre organisme. Les fibres alimentaires sont essentiellement les résidus fibreux des aliments végétaux. On distingue cinq substances : la cellulose, les hémicelluloses, les pectines, la lignine et les gommes.
Dans tous les magazines qui traitent de l'alimentation ou de la santé, on vous conseille de manger du son ou du pain au son ou encore des céréales complètes ou enfin du pain complet. En effet, dans l'enveloppe des grains de blé (le son) ou des grains de riz, on retrouve ces cinq substances. Une alimentation équilibrée où figurent au moins deux fruits, une crudité et un plat de légumes verts devrait satisfaire notre besoin en fibres. Il faut noter que la teneur en fibres varie avec l'état de maturation des végétaux.

La cellulose

On la trouve surtout dans les légumes verts. Elle a un rôle dans le volume du bol alimentaire : elle gonfle en présence d'eau et peut absorber jusqu'à 6 fois son poids d'eau. Elle est dégradée à 15% dans le côlon. Elle constitue le squelette des végétaux. On la trouve d'une manière plus ou moins concentrée selon la partie de la plante qu'on consomme.

LES HÉMICELLULOSES

Les plantes jeunes en sont riches. Elles augmentent aussi le volume du bol alimentaire en se gorgeant d'eau. Par ailleurs, leurs produits de dégradation permettent une bonne régénérescence de la flore microbienne du côlon où elles sont dégradées à 85%.

LES PECTINES

Elles constituent avec la cellulose une partie des parois des cellules végétales. On les trouve dans les fruits à pépins (raisins, pommes, poires, figues, kiwis) et dans les baies (fraises, framboises, cassis, mûres, groseilles, myrtilles...). Elles forment un gel qui se dépose sur la paroi des intestins et qui a un fort pouvoir d'absorption de l'eau. Ce gel, par ailleurs, ralentit le passage de certaines substances comme les glucides et les lipides dans l'organisme. Ce gel limite aussi l'absorption des vitamines. Elles sont à utiliser avec précaution.

LA LIGNINE

Elle est surtout présente dans les parties dures des végétaux ainsi que dans les racines âgées (carottes, navets...). C'est la fraction la plus irritante des fibres. Elle agresse par sa rigidité la muqueuse de l'intestin. Elle n'est pas du tout dégradée.
Elle possède "in vitro" la capacité d'absorber certains acides biliaires et donc diminue la cholestérolémie dans le sang.

LES GOMMES

Elles sont présentes dans les végétaux. Elles ont la même propriété d'absorber les sels biliaires.

La propriété essentielle des fibres alimentaires est l'absorption de l'eau qui se trouve dans le tube digestif et confère au bol alimentaire un volume satisfaisant pour assurer un bon transit.

Elles augmentent le poids des selles et ralentissent ou accélèrent le transit selon qu'il y a plus ou moins de pectines ou de lignine. Le fait qu'elles ralentissent l'absorption des glucides (pectines et gommes) serait un bon traitement préventif du diabète sucré et des hyperlipidémies.

Les fibres ont un grand rôle dans la prévention de quelques maladies.

La cellulose (dont le son est riche) augmente le transit intestinal et lutte contre la constipation. Elle aurait une action préventive sur les diverticules coliques, les hernies hiatales, les hémorroïdes et les varices.

Les hémicelluloses, les gommes et les pectines diminuent le taux de cholestérol dans le sang de 20% environ.

Trop de fibres peuvent entraîner une malabsorption de certains minéraux (calcium, magnésium, phosphore, fer) d'autant que dans les enveloppes des céréales (blé, riz...) se trouve l'acide phytique qui empêche aussi leur absorption. Attention aux excès.

Quelle que soit l'indication thérapeutique, il faut introduire progressivement le son dans notre alimentation afin d'éviter certains problèmes douloureux de fermentation et de ballonement. Trop de son en peu de temps peut entraîner une diarrhée.

Par ailleurs, il faut accompagner l'augmentation des apports en fibres, par une augmentation de l'ingestion d'eau afin d'obtenir des résultats satisfaisants.

Tableau résumé des groupes d'aliments

Groupe	Aliments	Principaux composants	Rôle	Intérêt dans un régime hypocalorique
1	Lait - Produits laitiers	Nutriments bâtisseurs Protéines-calcium Vitamine B Nutriments énergétiques: lipides	Construction Entretien Calcium pour os et dents	+++ Si écrémé ou demi-écrémé; de plus pas chers
2	Viandes - Poissons - Œufs	Nutriments bâtisseurs: protéines-fer-phosphore Nutriments énergétiques: lipides	Construction Entretien	+++ En choisissant bien les morceaux maigres
3	Légumes - Fruits	Nutriments bâtisseurs Sels minéraux Vitamine C Cellulose	Utilisation des groupes 1-2-4 Bon fonction-nement de l'intestin	++ Peu caloriques; per-mettent de couvrir la faim
4	Pain - Féculents	Nutriments énergétiques et bâtisseurs Protéines végétales Minéraux dont fer Vitamine B	Energie	+ Attention caloriques! Mais doivent figurer 1 fois par jour au moins
5	Matières grasses	Nutriments énergétiques et bâtisseurs Vitamines A, D, E, F	Energie Construction	+ Attention caloriques mais vecteurs de vi-tamines
6	Sucre - Produits sucrés	Nutriments énergétiques	Energie	0

+ peu intéressant
+ + moyennement intéressant
+ + + très intéressant

Les régimes miracles

De nombreux Français désirent maigrir et sont perpétuellement en quête du régime ou du traitement miracles. Au hasard de lectures, de publicités, de conseils donnés de bouche à oreille, de multiples régimes ont été essayés. Perdre du poids n'est pas difficile. Tous les régimes, même les plus farfelus, réalisent cette "prouesse" dans un premier temps. Mais maigrir est une chose, rester mince en est une autre. Dès que l'alimentation redevient normale, les kilos reviennent au galop.

Quels sont ces régimes "miracles"?

Nous allons étudier les plus connus car ils sont très nombreux.

LE RÉGIME ATKINS

Son principe: tout apport de glucides (sucres) y compris les sucres cachés que l'on trouve dans le pain, les céréales et dérivés, les féculents, les légumes, les fruits, les sodas... sont supprimés.
Les produits animaux et les matières grasses peuvent être consommés à volonté.

Petit déjeuner :	thé ou café sans sucre
	œufs sur le plat
Déjeuner :	poulet
	salade assaisonnée normalement
	fromage
Dîner :	avocat mayonnaise
	steak
	yaourt sans sucre

Pain et alcool sont interdits.

Critique : pour les gros mangeurs, le régime Atkins a l'avantage de n'être pas limité quantitativement.

Cependant, si la sensation de faim est supprimée, le régime est très déséquilibré : il est carencé en vitamines (surtout en vitamine C) et en sels minéraux. Sa richesse en matières grasses implique de nombreuses contre-indications médicales (aggravation du taux de cholestérol).

Le régime Atkins est un régime à éviter car il peut être dangereux pour la santé (il a déjà causé plusieurs accidents), du fait de l'absence quasi totale de sucre, entraînant des hypoglycémies.

LA DIÈTE PROTÉIQUE

Son principe : il consiste à ingérer 200 calories par jour sous forme de protéines de lait (60 g environ). Un cocktail de vitamines, de calcium et de potassium y est associé ainsi que 2,5 litres d'eau (les protéines en trop grande quantité sont un poison pour les reins).

Critique: les résultats sont excellents: la graisse fond tandis que les muscles sont préservés. Mais cette diète doit être impérativement faite sous contrôle médical strict; elle nécessite une hospitalisation. Son usage inconsidéré peut être très dangereux (elle a tué plus de 70 personnes aux Etats-Unis).

Quand la perte de poids a été obtenue, un régime de stabilisation est obligatoire. Si l'on remange normalement, la reprise de poids est très rapide.

LE RÉGIME DISSOCIÉ

Son principe: il consiste à consommer une seule catégorie d'aliments chaque jour: légumes, fruits, viandes, produits laitiers, œufs...

Exemple:

Lundi	: 500 g de viande rouge ou blanche
Mardi	: 1 kg de fruits frais crus ou cuits
Mercredi	: des laitages (yaourt, fromage blanc maigre, lait écrémé)
Jeudi	: 1 kg de légumes cuits ou crus
Vendredi	: 500 g de poisson
Samedi	: 200 g de riz cuit à l'eau
Dimanche	: œufs cuits sans matières grasses (coque, mollets, durs, en omelette...).

Critique: ce régime est très déséquilibré. Il est carencé et peut entraîner des troubles digestifs. A l'arrêt du régime, la reprise de poids est automatique.

LE RÉGIME HYPERPROTÉIQUE

Son principe : il consiste à privilégier les protéines au détriment des sucres et des graisses. L'alimentation est exclusivement à base de viandes maigres cuites sans matières grasses (cheval, bœuf, veau), d'abats, de jambon maigre, de volaille sans la peau, de poissons cuits sans matières grasses, de fruits de mer, de laitages (fromage blanc et yaourt maigres, lait écrémé). Il faut boire 1 litre à 1 litre et demi par jour.

Critique : le régime suivi pendant 2 à 3 jours permet de perdre le kilo pris lors d'un excès alimentaire. A plus long terme, fatigue et nervosité apparaissent. Il est en effet très carencé en vitamines (vitamines C en particulier) et en sels minéraux. Il provoque aussi une constipation due à une absence de fibres alimentaires.

LE RÉGIME MAYO

Son principe : il est fondé sur le rapport chimique entre les aliments. 2 semaines de menus sont à suivre. Aucun écart n'est permis. Une perte de poids de 7 à 8 kilos est promise!

Première semaine

Petit déjeuner : (il sera identique toute la semaine) 1 pamplemousse, 1 ou 2 œufs durs, café noir ou thé nature.

LUNDI
Déjeuner : 2 œufs, tomates, café ou thé
Dîner   : 2 œufs, salade, 1 toast grillé, pamplemousse, thé

MARDI
Déjeuner : 2 œufs, pamplemousse
Dîner   : steak, tomates, laitue, céleri, olives, concombre

MERCREDI
Déjeuner : 2 œufs, épinards, tomates, thé
Dîner   : 2 œufs, chou, fromage, 1 toast, thé

JEUDI
Déjeuner : 2 œufs, épinards, tomates, thé
Dîner   : 2 côtelettes d'agneau, céleri, concombre, tomates, thé

VENDREDI
Déjeuner : 2 œufs, épinards, thé
Dîner   : poisson, salade composée, 1 toast, thé

SAMEDI
Déjeuner : salade de fruits à volonté
Dîner   : steak, céleri, concombre, tomates, thé

DIMANCHE
Déjeuner : poulet froid, tomates, pamplemousse
Dîner   : steak, concombre, tomates, thé

Deuxième semaine

LUNDI
Petit déjeuner : café noir ou thé
Déjeuner   : 2 œufs, épinards, tomate crue
Dîner   : steak, salade

MARDI

Petit déjeuner : café noir, 1 biscotte
Déjeuner   : steak, salade avec un peu d'huile, 1 fruit
Dîner   : 1 poisson maigre

MERCREDI

Petit déjeuner : café noir, 1 biscotte
Déjeuner   : céleri braisé, 1 tomate, 1 mandarine
Dîner   : 2 œufs durs, jambon, salade

JEUDI

Petit déjeuner : café noir, 1 biscotte
Déjeuner   : 1 œuf dur, carottes, gruyère
Dîner   : salade de fruits, yaourt

VENDREDI

Petit déjeuner : 1 bol de carottes râpées
Déjeuner   : poisson maigre, 1 tomate
Dîner   : steak, salade de fenouil ou céleri braisé

SAMEDI

Petit déjeuner : café noir, 1 biscotte
Déjeuner   : poulet, salade
Dîner   : 2 œufs durs, 1 bol de carottes

DIMANCHE

Petit déjeuner : thé sans sucre
Déjeuner   : gigot ou viande grillée, fruits rafraîchis sans sucre
Dîner   : ce que l'on veut!

Critique : c'est un régime carencé en calcium (1 seul yaourt en 2 semaines). Il est très riche en œufs, parfois difficiles à digérer par certains. De plus les œufs ont une forte teneur en cholestérol. L'amaigrissement est trop rapide ce qui peut provoquer la fatigue et une certaine nervosité. Dès que le régime est terminé, la reprise de poids peut être rapide.

LE RÉGIME À BASE DE PROTÉINES EN POUDRE (cf. chapitre "La cuisine minceur")

Son principe: il consiste à associer des protéines en poudre (en vente en pharmacie) avec des fruits et des légumes.

Exemple:

Petit déjeuner:	thé ou café sans sucre, un verre ou un sachet de protéines en poudre
Déjeuner :	crudités, protéines
Goûter :	1 verre de jus de fruit, protéines
Dîner :	bouillon de légumes, protéines, 1 fruit

Critique: ce régime permet de perdre rapidement du poids. A court terme, il peut être utilisé pour perdre 1 kilo excédentaire apparu après un repas trop copieux (ne pas oublier de boire beaucoup d'eau). A long terme, il est déconseillé car il est très déséquilibré.
L'amaigrissement est très rapide (2 à 4 kg par semaine) d'où une reprise de poids automatique dès l'arrêt du régime.

LE RÉGIME SCARDALE

Son principe: comme le régime Mayo, il est basé sur le rapport chimique entre les aliments qui assurent l'amaigrissement.

Il promet une perte de poids de 7 kg en 2 semaines.

Petit déjeuner: (chaque matin) 1 demi-pamplemousse (ou 1 fruit frais de saison), 1 tranche de pain protéiné, toasté, sans beurre ni confiture ni autre ingrédient; café ou thé sans sucre, ni lait, ni crème.

LUNDI

Déjeuner: café ou thé, 1 assortiment de viandes froides, tomates épluchées à volonté, coupées, cuites ou à l'étuvée

Dîner : café ou thé, poisson ou crustacés, salade mixte à volonté de légumes de votre choix, 1 tranche de pain protéiné, 1 pamplemousse

---

MARDI

Déjeuner: café ou thé, salade de fruits de votre choix (de préférence frais) et à volonté

Dîner : café ou thé, viande hachée maigre à volonté, cuite sans graisse, tomates, laitue, céleri, olives (pas plus de 4 moyennes), choux de Bruxelles ou concombre à volonté

MERCREDI

Déjeuner: café ou thé, salade de thon ou de saumon (sans huile) avec une sauce de vinaigre et citron, 1 pamplemousse ou melon ou fruit de saison

Dîner : café ou thé, tranches d'agneau grillées sans gras, salade de laitue, concombre, céleri

---

JEUDI

Déjeuner : café ou thé, 2 œufs cuits sans graisse, fromage blanc maigre, chou, haricots verts ou tomates, 1 tranche de pain protéiné

Dîner : café ou thé, poulet grillé ou au four à volonté (sans la peau), épinards, poivrons verts, haricots verts à volonté

VENDREDI

Déjeuner : café ou thé, 1 assortiment de tranches de fromages maigres, épinards à volonté, 1 tranche de pain protéiné toasté

Dîner : café ou thé, poisson ou crustacés, salade mixte de légumes de votre choix (à volonté) cuits ou crus mais frais

SAMEDI

Déjeuner : café ou thé, salade de fruits à volonté

Dîner : café ou thé, dinde ou poulet cuit au four ou grillé, salade de tomates et de laitue, 1 pamplemousse ou fruit de saison frais

DIMANCHE

Déjeuner : café ou thé, dinde ou poulet froid ou chaud, tomates, carottes, choux cuits, chou-fleur, 1 pamplemousse ou fruit de saison frais

Dîner : café ou thé, steak à volonté cuit sans graisse, salade de laitue, concombre, céleri, tomates, choux de Bruxelles

Critique : ce régime est relativement bien équilibré (il y manque des laitages). Il peut être utilisé pour perdre quelques kilos excédentaires pris après quelques repas trop copieux. Mais, attention, si la perte de poids est rapide, la reprise de poids peut l'être tout autant dès que l'on reprend ses anciennes habitudes alimentaires et que l'on oublie de respecter les règles d'équilibre de base.

Les régimes à base d'un seul aliment

Ils sont très nombreux. Par exemple, on peut avoir le choix entre le régime à base de riz (le régime ZEN), de pamplemousse, de gruyère, d'ananas... On peut manger de l'aliment en question à volonté.

Critique: le résultat de ces régimes est une perte de poids rapide ainsi que de la fatigue qui peut aller jusqu'à la dépression.
Ils sont très carencés en protéines, en vitamines et en sels minéraux. Quand on retrouve une alimentation normale, on reprend rapidement du poids, avec en prime, quelques kilos de plus.
Ces régimes sont à bannir.

Les produits dits "minceurs"

De nombreux candidats à l'amaigrissement achètent ces produits croyant à leur effet miracle. Que ne ferait-on pas parfois pour maigrir rapidement sans effort tout en conservant une alimentation riche en sucres et en graisses!
Il existe des produits de minceur hypoglucidiques (galettes, confitures, chocolat... "à teneur réduite en glucides").
On satisfait ainsi sa gourmandise tout en ayant bonne conscience puisque "ces produits sont peu sucrés". Mais, atten-

tion, ils contiennent encore trop de sucre pour présenter un réel intérêt lors d'un régime hypocalorique. Il vaut mieux s'habituer à ne pas manger d'aliments sucrés.

Des tisanes, thés, pilules, gélules sont vendus comme des produits miracles : ils font, soi-disant, maigrir sans effort.

Leur apparition dans le commerce (pharmacies, ou magasins de produits diététiques) est associée à des campagnes publicitaires importantes. Suivant le produit, ils peuvent être soit inefficaces soit dangereux pour la santé.

Prenons l'exemple des gélules de poudre de cosses de haricots.

Ce sont les gélules miracles qui font perdre tous les kilos en excès en peu de temps. En effet, des chercheurs ont découvert que la cosse de haricots crus bloquait la transformation et l'assimilation de l'amidon. Ainsi, l'amidon serait inutilisable pour l'organisme et ses calories inefficaces n'auraient plus à être prises en compte. Mais des médecins mettent en garde à l'heure actuelle contre "les bloqueurs" d'amidon qui peuvent provoquer des troubles intestinaux risquant d'aller jusqu'à l'occlusion, des nausées, des diarrhées. En plus, ce ne sont pas les calories de l'amidon qui posent un problème lors d'un excès de poids mais les calories des matières grasses, des sucres simples et de l'alcool ainsi qu'une mauvaise répartition des repas.

Au même titre que les cosses de haricots, les gélules de pulpe d'ananas sont utilisées. Le discours des diffuseurs s'appuie sur l'argumentation suivante :

● *où trouver les enzymes d'ananas? Dans la pulpe du fruit où ont été isolées les "bromélaïnes", enzymes protéolytiques qui permettent de mieux scinder, digérer les protéines. Les enzymes sont à l'origine de l'extraordinaire succès du régime à l'ananas. Ce régime est basé sur une alimentation très riche en enzymes naturels et en protéines.*

● *comment agissent les enzymes d'ananas? Les bromélaïnes, enzymes protéolytiques, favorisent l'assimilation par l'organisme des protéines indispensables au cours de tout régime amaigrissant.*

● *les enzymes d'ananas en gélules: manger de l'ananas, c'est bien, mais en manger plusieurs kilogrammes par jour devient une contrainte et entraîne une consommation trop importante de fructose, sucre lui aussi contenu dans l'ananas et déconseillé dans les cures d'amincissement. Une gélule d'ananas représente en enzymes naturels plusieurs kilogrammes d'ananas.*

Ce discours en soi est correct et plausible; cela dit, il est inconcevable de soutenir que ces gélules permettent une fonte du tissu graisseux et plus particulièrement de la cellulite.

Il est vrai qu'après un repas riche, il est préconisé de consommer de l'ananas, électivement parmi les fruits, et, dans ce cas précis, la bromélaïne agit en facilitant la digestion. Mais, sous prétexte de prendre des gélules de bromélaïnes, il est hors de question de s'offrir repas pantagruéliques sur "grandes bouffes", en espérant que les enzymes bienfaiteurs viendront éliminer le surpoids que ces excès vont entraîner. Toujours dans la même rubrique: le thé "mangeur de graisse": le thé du yunnan, yunnan tuocha, d'origine chinoise.

Ce thé a été effectivement testé et a fait l'objet d'études précises et sérieuses en Chine, puis dans un service hospitalier réputé, et son pouvoir dissolvant des graisses a été reconnu. Aussitôt les médias s'en sont emparé en lançant la grande campagne du "thé mangeur de graisse". En fait, ce thé aurait le pouvoir de dissoudre électivement certaines graisses *contenues* dans le sang et réduirait certaines pathologies du type: hyperlipidémies (surcharge de graisses dans le sang). Quant à grignoter le tissu adipeux, la graisse ou la cellulite, c'est pure utopie que de l'imaginer!

Les médicaments

Le principe est de prendre un médicament pour perdre du poids.

Ces médicaments, bien qu'ils aient des effets spectaculaires sur le poids, peuvent être dangereux pour la santé. Ce sont:

— les *diurétiques*: ils font perdre de l'eau et non de la graisse. Ils vont provoquer des malaises: vertige, fatigue intense;

— les *extraits thyroïdiens*: ils provoquent une perte de graisse et de muscles. Mais ils peuvent aussi conduire à un dérèglement de la thyroïde et à des perturbations du rythme cardiaque;

— les *coupe-faim* ou *anorexigènes*: ce sont des drogues. Ils sont analogues aux amphétamines. Ils provoquent une accoutumance et rendent nerveux, insomniaque et irritable;

— les *laxatifs*: même à base de plantes, ils peuvent être dangereux. Ils n'éliminent pas la graisse, ils risquent de provoquer des troubles intestinaux, en particulier ceux qui sont à base de séné, d'aloès ou de bourdaine;

— les *cocktails amaigrissants*: on les trouvait, surtout sous forme homéopathique. Ils sont interdits depuis 1982.

Le régime hypocalorique au quotidien

Suivre un régime hypocalorique, c'est privilégier dans chaque catégorie d'aliments ceux qui apporteront le moins de calories.

Dans ce chapitre, nous allons choisir les aliments les mieux adaptés à une telle diète.

Le lait et les produits laitiers

Le lait et les produits laitiers (yaourts, fromages...) apportent des protéines animales, du calcium, des vitamines B et de la vitamine. A quand ils ne sont pas écrémés.

Il ne faut pas les éliminer lors d'un régime amaigrissant car ils sont la principale source de calcium, calcium indispensable à notre organisme (cf. chapitre "Les éléments nutritifs"). Mais, il faut savoir les choisir car ils sont plus ou moins riches en lipides.

Le lait

Le lait le plus couramment consommé en France est le lait de vache. Mais les laits de brebis, de chèvre, de bufflonne, de chamelle et d'ânesse peuvent être aussi consommés.

La teneur en protéines du lait de vache est d'environ 3,5%.

Ce sont des protéines de bonne qualité contenant tous les acides aminés essentiels.

Sa teneur en lipides est variable :

— au moment de la traite, la teneur en lipides du lait de vache est de 4% environ;
— lors de sa commercialisation, on peut trouver : le lait *entier* à 36 g de lipides par litre; le lait *demi-écrémé* ou *allégé* à 17 g de lipides par litre; le lait *écrémé* à moins de 2 g de lipides par litre.

Les laits entier ou allégé sont vendus pasteurisés, stérilisés (lait UHT), concentrés ou en poudre.

On les distingue par la couleur de la capsule de la bouteille ou des inscriptions sur les boîtes :

— rouge pour le lait entier;
— bleu pour le lait allégé.

Ie lait écrémé est vendu soit stérilisé soit en poudre. La capsule et les inscriptions sont de couleur verte.

La valeur énergétique du lait est donc fonction de sa teneur en lipides :

— lait cru :   690 kcal/litre;
— lait entier :   640 kcal/litre;
— lait demi-écrémé :   480 kcal/litre;
— lait écrémé :   330 kcal/litre.

Quel lait choisir?

Lors d'un régime hypocalorique, lait écrémé ou lait allégé liquides ou en poudre peuvent être consommés; le choix entre les deux dépendra du régime. Ils peuvent être pris froids, chauds, ou inclus dans une préparation.

Attention aux laits des autres animaux! Certains sont plus riches en lipides donc en calories :

— lait de chèvre: 45 g de lipides/litre - 720 kcal/litre;
— lait de brebis: 65 g de lipides/litre - 960 kcal/litre;
— lait d'ânesse: 12 g de lipides/litre - 430 kcal/litre;
— lait de jument: 20 g de lipides/litre - 430 kcal/litre;
— lait de bufflonne: 70 à 80 g de lipides/litre - 120 kcal/litre.

LES YAOURTS

Les yaourts sont des laits acidifiés. Ils sont obtenus par fermentation du lait par deux bactéries: le *lactobacillus bulgaricus* et le *streptococcus thermophilus*. Les ferments vont transformer le lactose (sucre du lait) en acide lactique. Il va s'ensuivre une coagulation des protéines.

Les yaourts que l'on trouve dans le commerce sont fabriqués à partir de laits pasteurisé entier, demi-écrémé ou écrémé. Il est additionné du lait en poudre pour conférer au yaourt une consistance plus ferme. On trouve:
— des yaourts traditionnels dont la fermentation a lieu en pot: le yaourt *nature* et le yaourt *aromatisé* ou *fruité*;
— des yaourts "brassés" plus liquides. La fermentation a lieu dans des cuves; puis le mélange subit un brassage pour le fluidifier avant la mise en pot: le yaourt *velouté nature* et le yaourt *velouté aux fruits*.

Le yaourt a la même valeur alimentaire que le lait utilisé pour sa fabrication. On peut trouver:
— des yaourts maigres si le lait utilisé est écrémé: moins de 1% de lipides;
— des yaourts "nature" si le lait utilisé est demi-écrémé: 1% de lipides;
— les yaourts "gras" si le lait utilisé est entier: plus de 3% de lipides.

La teneur en glucides des yaourts varie suivant que le yaourt est nature, aromatisé, ou fruité (cf. tableau).

Quels yaourts choisir?

Les yaourts nature sont à consommer de préférence lors d'un régime hypocalorique. Il existe des yaourts à 0% de matières grasses; leur apport calorique est peu différent de celui des yaourts nature.

Attention aux yaourts maigres aux fruits! Bien qu'ils soient pauvres en lipides, ils sont très riches en sucre (sucre des fruits et sucre ajouté). Ils sont à éliminer au maximum lors du régime.

TENEUR EN SUCRE ET EN CALORIES DES YAOURTS

	Teneur en sucre		Calories	
	Pour 100 g (g)	Dans un pot (g)	Pour 100 g (g)	Dans un pot (g)
Yaourt nature	4,5	6	46	58
Yaourt aux fruits	17	22	100	130
Yaourt velouté nature	6	7,5	60	75
Velouté aux fruits	15	19,5	90	117
Yaourt maigre nature	5,4	7	38	47
Yaourt maigre aux fruits	17	22	85	111

LES FROMAGES

La France est le pays du fromage. On en compte plus de 400 variétés, fabriquées surtout à partir de lait de vache mais aussi de lait de chèvre et de brebis.

Selon les procédés de fabrication, les fromages ont été classés en différentes catégories.

Les fromages frais
Ce sont les fromages blancs lisses ou caillés, les suisses, les demi-sels. Ils sont riches en eau : de 70 à plus de 82%. Leur teneur en matières grasses dépend du lait utilisé à la base et de l'adjonction ou non de crème : elle varie de 0 à 60% (cf. tableau).

Les fromages fermentés à pâte molle
Ce sont les fromages à croûte fleurie (Camembert, Brie, Coulommiers, St-Marcellin...) et les fromages à croûte lavée (Livarot, Munster, Maroilles...). Les fromages à pâte molle doivent contenir au minimum 40% de matières grasses.

Les fromages fermentés à pâte pressée dure ou demi-dure
Cantal, Gouda, Reblochon, St-Paulin, Edam, Mimolette, Emmenthal, Comté, Gruyère... Les fromages à pâte pressée apportent au minimum 40 à 45% de matières grasses.

Les fromages à pâte persillée, à moisissures internes
Roquefort, Bleus, Fourme... Ils contiennent au minimum 40% de matières grasses.

Les fromages fondus
Ils peuvent contenir de 40 à 70% de matières grasses.

L'apport calorique des fromages est variable : cela dépend de leur teneur en lipides.
Le consommateur peut lire sur l'emballage des fromages le taux de matières grasses. Ce taux de matières grasses indiqué correspond à celui de l'extrait sec de fromage. Cet extrait sec est ce qu'il reste du fromage, une fois que l'eau qu'il contient est entièrement éliminée.

Aliments	Taux de M.G. indiqué (%)	Quantité d'eau (%)	Extrait sec (%)	Taux réel de M.G. (%)
Fromage blanc	20	82	18	4
	40	82	18	7
Suisses	60	70	30	18
Camembert	45	50	50	22
Cantal	45	40	60	27
Gruyère	45	38	62	38
Roquefort	55	40	60	33

Si le consommateur mange, par exemple, 100 g de fromage à 45% de matières grasses, titrant 50% d'humidité, il ne mangera en réalité que 22,5 g de matières grasses.

Quel fromage choisir?

Le choix du fromage dépend du taux calorique du régime et de la quantité prise.
Les fromages blancs à 0% de matières grasses ne font pas grossir: les calories qu'ils apportent sont celles des protéines.
Les fromages blancs à 20% de matières grasses peuvent être aussi consommés mais en quantité modérée car une partie des calories sont apportées par les lipides (on peut aller jusqu'à 30% de M.G.).
Les autres fromages sont assez riches en lipides donc en ca-

lories : il faut soit en limiter la quantité consommée soit les éliminer de son alimentation.

Attention au taux de matières grasses! Par exemple, à poids égal le Camembert est moins gras donc moins calorique que le gruyère car il est plus riche en eau (cf. tableau).

Il existe des fromages à pâte pressée et des fromages fondus à 20% de matières grasses; ils sont donc moins riches en calories car ils sont moins gras. On peut ainsi, lors d'un régime hypocalorique, les consommer en plus grande quantité que les fromages "normaux". Mais, il ne faut pas en abuser car ils apportent quand même des calories.

TENEUR CALORIQUE DE QUELQUES FROMAGES (pour 100 g)

Fromage blanc à 0% de M.G.	50 kcal
Fromage blanc à 20% de M.G.	80 kcal
Fromage blanc à 40% de M.G.	120 kcal
Suisses à 60% de M.G.	230 kcal
Camembert, Brie	285 kcal
Munster, Livarot	340 kcal
Cantal, St-Paulin	380 kcal
Emmenthal, Gruyère, Comté	430 kcal
Crème de gruyère	280 kcal
Fromage de régime à 20% de M.G.	150 à 180 kcal

Viandes - Œufs - Poissons

Cette catégorie d'aliments a une place importante dans un régime hypocalorique.

Les viandes, les poissons et les œufs sont essentiellement une source de protéines d'origine animale. Ils apportent aussi des sels minéraux (fer, phosphore...) et des vitamines A et B. Ces aliments contiennent aussi des lipides; il faudra donc choisir les plus maigres.

LES VIANDES

Le mot viande désigne l'ensemble des parties comestibles des animaux terrestres (bœuf, veau, porc, mouton, agneau, cheval, volaille, lapin, gibier):
— la chair musculaire;
— les abats.
On peut y ajouter les produits de charcuterie.

Caractéristiques d'une viande (qualité, catégorie)
Le consommateur confond souvent les termes "qualité" et "catégorie":
— la *qualité* est la même pour l'ensemble de l'animal;
— la *catégorie* est en rapport avec l'emplacement anatomique du morceau sur l'animal.

La qualité: la qualité d'une viande est difficile à définir. Elle dépend des goûts du consommateur. Première, deuxième et troisième qualités sont déterminées à l'abattoir suivant certains critères qui restent cependant empiriques:
— la tendreté qui dépend du tissu conjonctif et de la longueur des fibres musculaires;
— la succulence qui est fonction du "persillé", c'est-à-dire, la présence de graisse interstitielle;
— la sapidité qui dépend de la race, du sexe, de l'âge, de l'alimentation de l'animal, des conditions d'abattage et de maturation de la viande (pour être tendre et sapide la viande doit être laissée (maturée) pendant une semaine environ, en chambre froide à $+1°C - 5°C$.

La catégorie : la catégorie d'un morceau de viande dépend de sa teneur en tissu conjonctif qui conditionne le mode de cuisson. En effet, pius un morceau de viande est riche en tissu conjonctif, plus il devra être cuit longtemps pour devenir tendre.

On distingue donc sur un même animal :
— les morceaux de 1ère catégorie à cuisson courte : grillades, rôtis (bifteck, escalope, côte de veau, de porc, gigot...);
— les morceaux de 2e et 3e catégories à cuisson longue : braisés, pot-au-feu...

La composition des viandes est très variable. Elle dépend de l'espèce, du morceau et, pour chaque animal, de l'âge, du sexe, de l'état d'engraissement, du type d'alimentation donnée.

Ces différents facteurs feront varier la teneur en eau et la teneur en lipides, par conséquence l'apport calorique.

Une classification succincte des viandes est faite. Cependant, elle ne tient pas compte de la catégorie (la catégorie d'une viande dépend de l'emplacement anatomique du morceau sur l'animal) qui peut faire varier dans de larges proportions la teneur en lipides.

On distingue :
— les viandes très maigres (moins de 10% de lipides) : cheval, gibier, poulet, pintade, lapin, abats (sauf langue);
— les viandes moyennement grasses (10 à 20% de lipides) : bœuf, veau;
— les viandes grasses (plus de 20% de lipides) : porc, mouton, oie, canard, langue.

Les produits de charcuterie sont en général très riches en lipides (20 à 50%) donc en calories (300 à 600 kcal).

Quelle viande choisir?

Parmi les viandes, il faut choisir les morceaux les plus maigres. Par exemple:

— dans la viande de bœuf: le steak, le filet, le rosbeef, le tournedos sont des morceaux maigres. On peut aussi trouver des morceaux maigres dans les viandes de deuxième catégorie: morceaux de bourguignon, joue de bœuf par exemple;

— dans la viande de veau: escalope, épaule;

— dans la viande de porc: filet;

— dans la viande de mouton ou d'agneau: gigot bien dégraissé.

Parmi les volailles, la chair du poulet, du pigeon, de la pintade, du dindonneau est pauvre en lipides donc peu calorique. La graisse est localisée sous leur peau qu'il faut éliminer lors d'un régime hypocalorique.

Parmi les abats, foie, cœur, langue de veau, rognons, cervelle peuvent être consommés. Toutes les charcuteries sont à proscrire sauf le jambon cuit maigre dégraissé.

Pour ne pas augmenter le taux calorique d'une viande maigre, il faut la cuire sans matières grasses:

— cuisson au gril ou dans une poêle anti-adhésive;

— cuisson en papillote (papier d'aluminium);

— cuisson au four sans barde et sans adjonction de matière grasse;

— cuisson à l'eau aromatisée;

— cuisson à la broche.

(cf. chapitre "La cuisine minceur").

LES ŒUFS

En France, les œufs les plus consommés sont les œufs de poule. On peut aussi trouver des œufs de caille, de cane mais leur consommation est exceptionnelle.

Les œufs sont riches en protéines d'excellente qualité : elles contiennent tous les acides aminés indispensables.

Ils contiennent aussi des lipides qui sont localisés dans le jaune. Malgré cela, ils peuvent être consommés lors d'un régime hypocalorique. En effet, ils sont beaucoup moins gras que la majorité des viandes de boucherie : 1 œuf apporte 7 g de lipides, 8 g de protéines et 80 kcal. Le mode de cuisson est important : ils doivent être cuits sans matières grasses : à la coque, durs, mollets, pochés, en omelette dans une poêle anti-adhésive, au four sans matières grasses.

L'œuf consommé dur cale et empêche les fringales qui poussent à grignoter n'importe quoi (son temps de séjour dans l'estomac est de deux heures et demi à trois heures).

Cependant, il ne faut pas en abuser car l'œuf est riche en cholestérol (1 œuf apporte 270 mg de cholestérol), substance à limiter chez certains.

Attention aux œufs de cane! Ils sont plus riches en graisses que les œufs de poule (16 g pour 100 g au lieu de 12 g) donc plus caloriques (240 kcal pour 100 g au lieu de 160 kcal).

LES POISSONS ET LES FRUITS DE MER

Ce groupe représente tous les poissons de mer et d'eau douce, les crustacés et les mollusques.

Les poissons : la chair des poissons est riche en eau (70 à 80%) et en protéines d'excellente qualité (15 à 24%).

Le taux de lipides varie selon l'espèce, l'âge, le sexe du poisson ainsi que de la saison : il peut varier de 1% à 22%.

Selon la teneur en lipides, les poissons ont été répartis en trois groupes :

— les poissons maigres qui contiennent moins de 5% de lipides : bar, cabillaud, colin, congre, dorade, goujon...;

— les poissons semi-gras dont la teneur en lipides est comprise entre 5 et 10% : mulet, rouget, sardine, turbot...;
— les poissons gras qui contiennent plus de 10% de lipides : anguille, anchois, alose, hareng, lamproie, maquereau, thon, saumon...

Les poissons dits "gras" ne sont pas plus riches en lipides qu'une viande dite "maigre" (sauf l'anguille et le hareng) : une viande maigre contient 10 à 15% de lipides, un poisson gras en contient 10 à 13%.

TENEUR EN LIPIDES DE POISSONS DITS "GRAS"

Sardine	5 à 6%
Anchois	10%
Maquereau	11%
Thon	13%
Saumon	14%
Hareng	18%
Anguille	20%

La répartition des lipides est différente de celle des animaux de boucherie. Chez le poisson, il n'y a pas de graisse de couverture et les lipides sont diffus dans tout le tissu musculaire. Pour certaines espèces (cas des poissons maigres), les lipides s'accumulent dans le foie (d'où extraction de l'huile de foie de morue, cabillaud par exemple).

Les fruits de mer : leur principale caractéristique est leur richesse en protéines (13 à 23%) et leur pauvreté en lipides

(1 à 2%). Les protéines sont de bonne qualité apportant tous les acides aminés indispensables.

Quels poissons ou fruits de mer choisir?
Tous les poissons peuvent être consommés (sauf les plus gras: saumon, hareng, anguille) ainsi que tous les fruits de mer.
Mais attention au mode de préparation!
Les poissons doivent être cuits sans adjonction de matières grasses: au four, au court-bouillon, à la vapeur, en papillote, grillé... (cf. chapitre "La cuisine minceur").
Les fruits de mer ne doivent pas être accompagnés de tartines de beurre ou de mayonnaise. Ils doivent être mangés nature ou avec une fausse mayonnaise.

Légumes et fruits

Les fruits et les légumes sont des aliments riches en eau: 80 à 95%.
Leur valeur énergétique dépend de leur teneur en glucides. Elle est plus faible pour les légumes: de 1 à 9%. Pour les fruits, la quantité de glucides est variable:
— 5% pour les melons, la pastèque, les groseilles et les myrtilles;
— 5 à 10% pour les agrumes (oranges, mandarines, clémentines, pamplemousses), les fraises, les framboises, les prunes, les abricots, le coing;
— 10 à 15% pour les brugnons, les pommes, les poires, les pêches, les cerises, le cassis, la mangue, le kaki, les litchis;
— 15 à 20% pour les bananes, le raisin, les figues fraîches.
L'apport en protéines des fruits et des légumes est négligeable.

Les fruits et les légumes sont indispensables lors d'un régime hypocalorique car ils apportent des sels minéraux (calcium, magnésium, potassium...), des vitamines (vitamine C et provitamine A) et des fibres alimentaires indispensables à l'organisme.

Quels légumes et fruits choisir?
Tous les légumes verts frais, en conserves ou surgelés peuvent être consommés, à volonté. Ils sont très pauvres en calories: de 10 à 40 kcal/100 g.
Les légumes peuvent être mangés crus ou cuits sans adjonction excessive de matières grasses.
Attention aux excès de crudités! Riches en cellulose ayant une action sur la régulation du transit intestinal, elles peuvent devenir un véritable décapant pour l'intestin si elles sont prises en excès. Elles entraînent des diarrhées.
Les fruits crus, cuits ou en compote sans sucre ajouté devront être consommés avec modération car ils apportent des glucides en quantité non négligeable: pas plus de deux fruits par jour.
Les fruits les plus riches en glucides (bananes, raisins, figues) sont soit à proscrire soit à consommer en toute petite quantité.
Les fruits secs (raisins, figues, abricots, dattes...), les fruits oléagineux (noix, noisettes, amandes, cacahuètes, pistaches...) et les fruits amylacés (châtaignes, marrons) sont à proscrire d'un régime hypocalorique car ils sont très riches en calories: de 200 à 600 kcal/100 g.

Pain - Céréales - Pommes de terre - Légumes secs

Ces aliments apportent de l'énergie sous forme de glucides complexes. Ils contiennent aussi des protéines végétales, des sels minéraux (phosphore, magnésium, fer et calcium), des vitamines du groupe B et des fibres alimentaires.

Ce groupe d'aliments n'est pas à exclure d'un régime amaigrissant car les nutriments qu'il apporte sont indispensables à notre organisme.

La quantité consommée doit être modérée! elle dépend du taux calorique du régime.

LE PAIN

On a le choix entre :

— le *pain blanc* : il est fabriqué à partir d'une farine raffinée ;

— le *pain complet* : il est fabriqué à partir d'une farine complète. On y retrouve une partie de l'enveloppe du grain de blé ;

— le *pain au son* : il est fabriqué à partir d'une farine blanche à laquelle les boulangers ajoutent du son. La teneur en son de ces pains est très variable : elle peut aller de 4% à 20%.

Ces trois sortes de pain ont la même valeur calorique : de 230 à 300 kcal pour 100 g.

Par rapport au pain blanc, le pain complet et le pain au son apportent des fibres alimentaires ce qui peut avoir deux avantages lors d'un régime hypocalorique : lutter contre la constipation et entraîner une impression de satiété.

Le *pain au gluten* est parfois conseillé lors d'un régime hypocalorique. C'est un pain enrichi en gluten (protéines du blé) et donc appauvri en glucides. Il apporte 240 kcal pour 100 g, une partie des calories proviennent des protéines (cf. "Les besoins alimentaires"). Il a cependant un inconvénient : sa médiocre saveur.

LES BISCOTTES

De nombreuses personnes mangent des biscottes à la place du pain car elles pensent "qu'elles ne font pas grossir", ce qui est tout à fait faux. En effet, les biscottes sont faites à base de farine comme le pain; en plus, on y ajoute du sucre et des matières grasses.

Les biscottes apportent plus de calories que le pain : 402 kcal/100 g.

Il existe aussi des biscottes au gluten. Comme le pain au gluten, une partie des calories sont apportées par le gluten, protéine du blé (400 kcal/100 g). Mais, elles ne sont pas très bonnes.

LES CÉRÉALES ET LEURS DÉRIVÉS

Riz, blé, seigle, maïs, orge, sarrasin et leurs dérivés (pâtes, semoule...).

Ils apportent environ 350 kcal/100 g sous forme de glucides complexes.

Il existe des céréales complètes (ainsi que leurs dérivés) : riz complet, pâtes complètes... Comme pour le pain complet ou au son, leur avantage est d'apporter plus de fibres alimentaires. Mais, ils sont aussi caloriques.

Afin de varier l'alimentation, pain, céréales et dérivés, légumes secs peuvent être remplacés les uns par les autres, dans un régime (cf. "Tableau des équivalences" en annexe).

Le pain, les céréales et leurs dérivés, les légumes secs et les pommes de terre doivent être consommés avec peu ou pas de matières grasses :

— attention au pain beurré;

— les céréales (riz, pâtes, semoule...) doivent être cuites à l'eau. L'adjonction de matières grasses se fera suivant la quantité permise;

— les légumes secs seront cuits à l'eau sans adjonction de charcuterie ou de graisse d'animal (saindoux, lard...);
— les pommes de terre seront cuites à l'eau à la vapeur ou au four. Frites, pommes de terre rissolées, chips sont à proscrire : la valeur calorique de la pomme de terre est multipliée par 4 et même par 6 : pommes de terre à l'eau 90 kcal/100 g - pommes de terre frites 400 kcal/100 g - pommes de terre chips 544 kcal/100 g.

Les corps gras (ou lipides)

Les corps gras fournissent de l'énergie à notre organisme (1 g fournit 9 kcal). Ils apportent des acides gras "essentiels" (ils sont indispensables à notre organisme mais celui-ci ne peut les produire, donc notre alimentation doit en apporter). Certains corps gras apportent de la vitamine E (les huiles) et des vitamines A et D (le beurre). Ce groupe d'aliments est donc indispensable dans l'alimentation.
Il faut choisir ceux qui apportent le plus d'éléments nutritionnels importants pour l'organisme (vitamines, acides gras essentiels).
La quantité à consommer devra cependant être modérée.
Dans notre alimentation, on trouve les corps gras sous deux formes.

LES CORPS GRAS "INVISIBLES"

Ils entrent dans la composition des aliments (produits laitiers, viandes...) ainsi que dans la plupart des aliments préparés.
Ces corps gras dans un régime hypocalorique doivent être limités en faisant un choix parmi les aliments les plus maigres.

Ce sont ceux que nous ajoutons à nos aliments pour les assaisonner ou les cuire. Ils ont deux origines:
— une origine animale: beurre, graisses animales (saindoux, suif...), crème fraîche;
— une origine végétale: les huiles d'arachide, de tournesol, de maïs, d'olive, de colza, de soja, d'olive de noix de coco ("Végétaline"), de palme, de noix et de pépins de raisins.
On peut y ajouter les margarines qui proviennent soit d'huiles végétales (margarine de tournesol, de maïs), soit de mélanges d'huiles végétales et de graisses animales.

Quels corps gras "visibles" choisir?
Parmi les corps gras d'origine animale, le beurre a sa place dans un régime hypocalorique, en quantité limitée, car il apporte, en plus des lipides, des vitamines A et D.

Remarque. Depuis quelques années, sont apparus de nouveaux produits appelés "spécialités laitières tartinables" ou "faux beurre". Leur composition est variable suivant les marques (crème, caséinate du lait, huile de soja, de tournesol, additifs). Ils ont en commun une teneur en lipides inférieure à celle du beurre: 41% au lieu de 82%. Leur valeur énergétique est donc inférieure: 401 à 410 kcal pour 100 g au lieu de 760 kcal.
Ces faux beurres peuvent donc être utilisés dans le régime hypocalorique. Bien qu'ils soient moins riches en calories que le beurre, ils en contiennent pourtant; il faut donc en limiter la quantité.
La crème fraîche peut remplacer le beurre; elle apporte moins de graisse (35% au lieu de 82%), elle est donc moins calorique (315 kcal pour 100 g).

Parmi les corps gras d'origine végétale, toutes les huiles apportent autant de calories (sauf huile de paraffine): 900 kcal/100 g. Cependant, les huiles riches en acides gras essentiels sont à consommer de préférence: huile de tournesol, de maïs, de soja.

Les margarines, qu'elles proviennent d'huiles végétales ou d'un mélange d'huiles végétales et de graisses animales, sont aussi caloriques que le beurre: 740 kcal/100 g. Si les margarines végétales (margarine au tournesol ou au maïs) sont parfois recommandées c'est qu'elles sont riches en acides gras "essentiels" et dépourvues de cholestérol. Par contre, le beurre est pauvre en acides gras essentiels et contient 250 à 280 mg de cholestérol pour 100 g.

Sucre et produits sucrés

Ce groupe d'aliments est à proscrire totalement du régime hypocalorique (cf. chapitre "Les besoins alimentaires").

Le miel auquel on accorde de nombreuses vertus est en réalité essentiellement constitué de glucides simples. Il ne doit donc pas être consommé lors d'un régime hypocalorique.

Les boissons

Lors d'un régime hypocalorique, il est indispensable de boire beaucoup pour assurer un bon drainage de l'organisme et faciliter l'élimination des déchets: 1 litre à 1 litre et demi de liquide par jour (cf. chapitre "Les besoins alimentaires").

Quelle boisson choisir?

Seules les boissons qui n'apportent aucune calorie sont à consommer pendant un régime hypocalorique. Ce sont:

On a le choix entre différentes catégories d'eau.

L'eau de distribution publique

C'est l'eau de robinet. Elle peut être puisée dans des nappes souterraines, à des sources, dans des cours d'eau naturels. L'eau est traitée dans des usines : filtration puis destruction des germes nuisibles par le chlore et hélas suffisamment par l'ozone (traitement trop coûteux).

A sa sortie de l'usine, cette eau présente toutes les caractéristiques de l'eau potable.

Des contrôles fréquents sont effectués à tous les niveaux (sortie d'usine, des canalisations) pour délivrer au consommateur une eau buvable, au moins sur le plan hygiénique. Le goût de chlore, parfois prononcé, provient d'un surdosage parfois volontaire et en particulier perceptible l'été; il suffit de mettre pendant quelques heures la carafe d'eau au réfrigérateur pour que le goût de chlore disparaisse.

L'eau de table

C'est une eau de distribution publique vendue en bouteille. Elle peut être rendue potable (traitée) par divers traitements appropriés. Les eaux gazéifiées rentrent dans cette catégorie (les eaux gazeuses sont classées parmi les eaux minérales). Cela dit, dans la nouvelle législation, seules les eaux gazéifiées seront considérées comme "eaux de table". La gazéification se fait par addition de gaz carbonique.

L'eau de source

C'est une eau conditionnée en bouteille qui doit répondre à certaines caractéristiques :
— son origine doit être déterminée;
— elle doit être potable à l'état naturel;

— elle doit être emballée "telle qu'elle sort du sol" sans subir aucun traitement ou addition;
— son exploitation est surveillée et contrôlée régulièrement.

L'eau minérale
C'est une eau qui a pour caractéristique d'être "dotée de propriétés thérapeutiques". Elle provient d'une source dont l'exploitation a été autorisée par décision ministérielle. En France, les sources d'usage thérapeutique sont extrêmement nombreuses et de propriétés variées. Elles sont plus ou moins minéralisées. Les moins minéralisées correspondent à la définition d'une eau de table (moins de 2 g/litre) (Volvic, Evian). Par contre, certaines eaux sont très minéralisées (plus de 2 g/litre) ce qui leur confère des indications et des contre-indications thérapeutiques (Vichy St-Yorre, Vittel Hépar).

Les boissons sans sucre

Aucune tisane et infusion n'ont la propriété de faire maigrir. Elles contribuent, tout comme l'eau, à une bonne hydratation et à un meilleur drainage.
Le café et le thé sans sucre.
Les bouillons de légumes.

Les boissons sucrées

Les jus de fruits
Les jus de fruits intitulés "pur jus de fruits" ne comportent aucun additif.
Les jus de fruits dits "100%" jus de fruits peuvent comporter une adjonction de sucre. Suivant la variété de fruit et la quantité de sucre ajoutée, leur teneur en sucre peut varier de 100 à 180 g par litre (cf. tableau).

Les boissons aux fruits

Elles sont composées d'eau et d'au moins 12% de jus de fruits. La quantité de sucre qu'elles contiennent est variable : 100 à 120 g par litre.

Les sirops

Ce sont des boissons concentrées contenant 600 à 800 g de sucre par litre. Une fois le sirop dilué avec 8 à 9 fois son volume d'eau, on obtient une boisson contenant 90 à 100 g de sucre par litre.

LES BOISSONS GAZEUSES

Ce sont des boissons très riches en sucre (90 à 150 g par litre) (cf. tableau) :
— les sodas aux fruits;
— les limonades;
— les tonics et les bitters;
— les colas.

	Apport en sucre		Apport énergétique	
	Portion courante		Portion courante	
	pour 200 ml (g)	pour 1 l (g)	pour 200 ml (kcal)	pour 1 l (kcal)
Pur jus d'orange	10	50	40	240
Jus d'orange	20 à 24	100 à 120	80 à 100	400 à 480
Jus de pomme	20 à 26	100 à 130	80 à 105	400 à 520
Jus de raisin	24 à 36	140 à 180	100 à 150	560 à 750
Boisson aux fruits	20 à 24	100 à 120	80 à 100	400 à 480
Limonade	16 à 20	80 à 100	64 à 80	320 à 400
Soda	18 à 26	90 à 130	72 à 104	360 à 520
Tonic-bitter	17 à 30	85 à 150	68 à 150	340 à 600
Cola	20 à 24	100 à 120	80 à 96	400 à 480

Une erreur est souvent commise par ceux qui suivent un régime hypocalorique : ils continuent à boire des boissons alcoolisées (vin, bière, cidre, apéritifs digestifs).

L'alcool apporte des calories, qui favorisent la prise de poids car elles ne servent ni à l'effort musculaire, ni à la lutte contre le froid et se stockent sous forme de graisse.

1 g d'alcool apporte 7 kcal, mais il n'est pas toujours facile de connaître le poids d'alcool contenu dans une boisson, même quand le degré d'alcool est indiqué sur l'étiquette. Pour l'établir, il faut donc faire un petit calcul : le degré alcoolique correspond au volume d'alcool pur contenu dans 100 volumes de boisson. Ainsi, un litre de vin à 12° contient 120 ml d'alcool pur. 1 ml d'alcool pèse 0,8 g, donc 1 litre de vin à 12° contient $120 \times 0,8 = 96$ g d'alcool pur.

Boissons	Calories	Equivalence en sucre (g)
1 bière pression	132	33
1 verre de Beaujolais	68	17
1 coupe de Champagne	74	18
1 verre de Porto	78	20
1 verre de Cognac	112	28
1 verre de Whisky	168	42
1 verre de Cidre	50	8

Groupe d'aliments	Aliments permis (en limitant parfois la quantité)	Aliments déconseillés
Produits laitiers	– lait écrémé ou allégé – yaourt nature – fromage blanc à 0% ou à 20% de M.G. – suisse à 30% de M.G. – fromage à 45% de M. G. au maximum	– lait entier – lait gélifié – lait concentré – yaourt au lait entier – yaourt, fromage blanc – suisses aromatisés et sucrés – glaces et entremets – crème Chantilly
Viandes	– fraîches ou surgelées non cuisinées: bœuf, veau, cheval, porc, lapin, jambon maigre, gibier, volailles sans la peau (poulet, pintade, pigeon), cervelle, langue de veau, cœur, rognon, gigot dégraissé	– viandes en sauce du commerce – viandes fumées – préparations à base de viande du commerce – canard, dinde, oie, poule – charcuterie – tripes – viandes persillées – côtes et côtelettes de mouton
Poissons	– frais ou surgelés non cuisinés – crustacés et fruits de mer, conserves de poisson au naturel	– poissons en sauce du commerce: anguille, hareng, saumon – poissons fumés – préparations à base de poisson du commerce – conserves de poissons à l'huile, au vin – œufs de poissons

Groupe d'aliments	Aliments permis (en limitant parfois la quantité)	Aliments déconseillés
Oeufs	– sur le plat, pochés, durs à la coque, brouillés ou incorporés à d'autres préparations	
Pain, céréales	– pain: blanc, complet, de seigle – biscottes, pain grillé	– pommes de terre frites, chips – produits de boulangerie: brioche, pain au chocolat... – biscuiterie, pâtisserie – farines pour petit déjeuner
Légumes verts	– surgelés non cuisinés – à consommer crus ou cuits, en garniture ou en potage	
Fruits	– frais ou surgelés nature – conserves de fruits au naturel – à consommer crus ou cuits ou pressés sans sucre	– fruits au sirop – fruits confits – pâtes de fruits – fruits amylacés (marrons, châtaignes) – fruits secs (raisins, dattes, pruneaux, abricots...) – fruits oléagineux (noix, noisettes, amandes, pistaches, cacahuètes...) – avocat

Groupe d'aliments	Aliments permis (en limitant parfois la quantité)	Aliments déconseillés
Matières grasses	– beurre – huiles de maïs, de soja, de tournesol, d'olive... – margarines au tournesol, au maïs – crème fraîche	– lard, saindoux – graisses d'oie
Boissons	– eau du robinet, de source minérale (plate ou gazeuse) – thé, café, tisane sans sucre – citron pressé sans sucre – bouillon de légumes – jus de tomate	– boisson sucrée: jus de fruits – boisson aux fruits, soda, limonade, sirop – toutes les boissons alcoolisées
Divers	– sel, poivre – moutarde, cornichons – fines herbes – herbes aromatiques – épices – ail, échalote, oignon – concentré de tomate	– sauces du commerce
Produits sucrés	– sucres de remplacement ou édulcorants	– sucre de betteraves ou de canne – sucre blanc, roux et leurs dérivés: miel, confiture, gelée, crème de marron – confiserie (bonbon, nougat, caramel, chocolat, pâte d'amande)

Les "aide-régimes"

Les aliments "aide-régimes"

Il existe dans le commerce des produits ou des préparations qui peuvent aider au début d'un amaigrissement. Ils ne doivent être utilisés que de façon transitoire, la base d'un régime hypocalorique étant de prendre de nouvelles habitudes alimentaires.

L'HUILE DE PARAFFINE

C'est une huile non calorique. Elle est utilisée pour l'assaisonnement.

Elle ne peut absolument pas être chauffée (risque d'apparition de produits dangereux).

Cependant il est déconseillé de l'employer régulièrement car, n'étant pas absorbée par la paroi intestinale, elle a une action lubrifiante donc un effet laxatif.

L'huile de paraffine est vendue en pharmacie. Elle peut être nature ou aromatisée (échalote...).

LES FAUX SUCRES

Le goût du sucre a une saveur appréciée que la plupart d'entre nous a du mal à éliminer de son alimentation. Les faux sucres ou édulcorants sont des substances qui apportent le plaisir du goût sucré mais qui sont dépourvus de pouvoir calorique.

LA SACCHARINE

C'est le plus ancien des édulcorants et le plus utilisé dans le monde.
Son pouvoir sucrant est de 300 fois celui du sucre.
Son arrière goût amer lui a été reproché, mais les présentations actuelles n'ont plus cet inconvénient. Par contre, le goût sucré persistant dans la bouche longtemps après sa consommation est parfois désagréable.
En 1974, l'innocuité de la saccharine fut mise en cause: elle était cancérigène. Cet effet cancérigène était dû, en réalité, aux impuretés que l'on pouvait trouver dans la saccharine. La technologie actuelle a permis de les éliminer. De toute façon, consommée depuis 100 ans, il n'a jamais été constaté un taux de cancers supérieur parmi la population qui en utilisait chaque jour.

LES CYCLAMATES

Leur pouvoir sucrant est de 30 fois celui du sucre.
C'est le deuxième édulcorant consommé dans le monde après la saccharine. Ils ont été accusés d'avoir un effet cancérigène, effet qui est toujours discuté. Par contre, leur effet tératogène (possibilité d'induire des malformations fœtales) ne fait plus de doute. Les cyclamates sont donc contre-indiqués aux femmes enceintes.

L'ASPARTAM

C'est le dernier né. Il est obtenu à partir de l'association de deux acides aminés. Son pouvoir sucrant est de 200 fois celui du sucre.

Son innocuité est totale. Sa seule contre-indication est la phénylcétonurie, affection très rare que l'on trouve chez le nourrisson.

Les édulcorants sont vendus en pharmacie sous forme de :
— comprimés ou cubes adaptés aux boissons chaudes;
— poudres convenant pour sucrer les yaourts, les fromages blancs, les desserts...
Les poudres sont difficiles à doser car elles sont très concentrées. De plus, leur finesse ne permet pas une répartition régulière dans les préparations : par exemple, la quantité d'édulcorant correspondant à une ration normale de sucre ne permet de saupoudrer qu'une petite quantité de fraises. Pour éviter cet inconvénient, les Laboratoires Searle ont créé une poudre, Canderel-poudre qui présente l'avantage d'avoir une équivalence de texture et de volume avec le sucre;
— liquides qui ont la même utilisation que les poudres.

Les édulcorants ne peuvent être utilisés que dans des préparations froides ou tièdes. En effet, une forte température leur ôte leur pouvoir sucrant.

LES DIFFÉRENTES MARQUES D'ÉDULCORANTS

Saccharine	Edulcor, Oda, Sucrettes, Sucromat, Spun-Suc, Skun-Suc, Slun-Suc, Sun-Suc, Gaosucryl, Hermesetas
Cyclamates	Sucaryl, Sucrum 7
Aspartam	Canderel, Pouss'suc, D. Sucryl

Vendus en pharmacie, ils se présentent sous forme de poudre, de granulés, de tablettes, de liquides prêts à consommer, de potages ou de desserts à diluer.

Il en existe deux catégories dont les caractéristiques nutritionnelles sont définies par la réglementation :

— les aliments appauvris en glucides et en lipides et éventuellement enrichis en protides. Par leur apport relativement important en protides (30% de la valeur calorique totale), ils facilitent l'amaigrissement en évitant les sensations de faim et de fatigue. Ils sont à utiliser dans le cadre d'un repas varié. On trouve : Alburone, Bionorm, Amincyl, Poids Plum, Protactif, Protéines Minceur, Protical 220; Proti 30, Protipret, Proti 5, Shaipe Pro, Programme "Spécial minceur", Enerday, Hyperprotidine...;

— les aliments équilibrés à 1000 calories maximum. Ils sont destinés à remplacer un ou plusieurs repas de la journée : Actilanil, Factoral.

Ces aliments diététiques peuvent éventuellement apporter une aide pendant une période de régime. Mais, ils sont à utiliser dans le cadre d'un régime hypocalorique équilibré.

Le thermalisme

Certaines stations thermales (Brides-les-Bains, Contrexéville, Capvern, Eugénies-les-Bains, Evian, Vittel) ou balnéaires (Biarritz, Port Barcarès, Deauville, Quiberon...) proposent des programmes de remise en forme.

Pendant la durée du séjour dans ces stations, un ensemble de mesures d'activité physique (massages, douches, bains...) est allié à des mesures diététiques. Le curiste apprend à se nourrir, à changer ses habitudes alimentaires. Cela lui permet de retrouver une meilleure image de lui, un certain équilibre et son poids de forme.

L'activité physique

L'activité physique ne fait pas vraiment maigrir. Toutefois, elle a un effet très bénéfique quand elle est exécutée pendant un régime : elle permet de remplacer la graisse perdue par du muscle. La silhouette peut changer dans le bon sens, sans retentissement sur la balance !...

Les meilleurs sports associés à un régime amaigrissant sont la gymnastique, la marche à pied, la natation, la bicyclette, la danse et le ski de fond.

Les "aide-diététique"

Maigrir seul est pour certains difficile. Une aide leur est indispensable.

Il existe des organismes qui conseillent et suivent tout au long de son régime la personne qui a décidé de maigrir. Ils sont nombreux en France. Par exemple, on peut trouver :
— les *Weight Watchers*. Ils associent au régime une aide psychologique apportée par des réunions de groupe ;
— le *Laboratoire d'hygiène alimentaire*. Il propose après un interrogatoire alimentaire un régime informatique personnalisé. Ce régime, suivi par un diététicien, tient compte des contraintes médicales, nutritives et sociales de la personne. Le plat principal du déjeuner et du dîner peut être fourni ;
— sans oublier les diététiciennes consultant ou en cabinet, ou à l'hôpital.

Les "aide-médicale"

L'ACUPUNCTURE

C'est un traitement de fond qui vise à rééquilibrer tout l'organisme. Il ne fait pas de miracle mais permet de retrouver un bon état général autant physique que psychologique.

L'AURICULOTHÉRAPIE

Le traitement part du principe que tous les organes du corps se trouvent projetés en miniature au niveau de l'oreille. En implantant des aiguilles à un endroit précis, on peut stimuler les fonctions digestives et diminuer l'appétit. Comme l'acupuncture, cela peut permettre de retrouver un bon état général mais les kilos ne partent pas comme par miracle.

L'HOMÉOPATHIE

Le traitement agit sur toutes les fonctions de l'organisme (digestion, élimination, régulation de l'appétit...). Ce n'est pas un traitement amaigrissant en soi et les effets ne sont pas spectaculaires (attention à la "fausse" homéopathie qui cache souvent diurétiques ou anorexigènes).

LA MÉSOTHÉRAPIE

Elle consiste à attaquer la graisse de l'extérieur en faisant pénétrer sous la peau un cocktail de produits amaigrissants. Les résultats sont très éphémères. Le traitement peut être valable quand il y a une cellulite rebelle aux régimes. Mais, il ne faut pas en attendre de miracles.

Son principe est de consommer en décoction ou en infusion des plantes qui aident à maigrir. Il existe de nombreuses plantes mais leur effet est très limité. Elles permettent simplement d'éliminer. Elles sont à associer avec un régime hypocalorique. Pour le choix des plantes et leur dosage, il vaut mieux demander l'avis d'un médecin ou d'un herboriste car les abus peuvent être dangereux.

Les "aide-régime" sont nombreux mais aucun n'exclut le régime hypocalorique. Ils peuvent seulement aider à le suivre.

La cuisine minceur

La cuisine minceur n'est ni plus ni moins qu'une cuisine traditionnelle faisant intervenir tous les modes de cuisson.

Les fritures, les ragoûts ou autres plats en sauce, bien de chez nous (il est dit que nous possédons plus de 300 sauces!) disparaissent bien entendu de nos tables, mais ils sont remplacés judicieusement par une cuisine dite "allégée", où, avec peu d'ingrédients et beaucoup d'imagination, les nappages deviendront à la fois onctueux, délicieux et surtout acaloriques.

Le matériel

Il n'est absolument pas nécessaire de surcharger les placards des cuisines d'appareils électroménagers aussi divers qu'inutiles.

Le matériel préconisé pour "une cuisine minceur" est celui de tous les jours, il n'y a pas d'éléments spécifiques. Si vous y tenez vraiment, tous les robots peuvent y trouver leur place, mais ils ne sont pas indispensables; seuls les mixeurs sont réellement pratiques et permettent d'obtenir des préparations bien homogènes.

LE GROS MATÉRIEL

Un autocuiseur

Toutes les marques proposent les mêmes garanties, il y a quelques différences au niveau des tailles et du matériau de base. Il faut savoir que :
— un autocuiseur de 4 à 6 litres convient pour 2 à 3 personnes ;
— un autocuiseur de 7 à 8 litres, pour 4 à 5 personnes ;
— un autocuiseur de 8 à 10 litres, pour 8 à 10 personnes.
Le plus pratique est le 8 à 10 litres pour une famille d'au moins deux adultes et deux enfants.
Le matériau le plus commode est l'aluminium, avec une préférence pour les revêtements anti-adhésifs. L'acier inoxydable, plus cher, a tendance à attacher.

Un gril

Si vous tenez au gril classique, choisissez-le en fonte car il permet une diffusion régulière de la chaleur. Certains ont des revêtements anti-adhésifs en PTFE (polytétrafluoréthylène).
Les grils électriques sont constitués de plaques épaisses en alliage d'aluminium recouvertes de PTFE.
Dans une cuisine classique, un simple gril suffit. Ceci pour les grils de contact.
Les grils par rayonnement sont à claire-voie. Les plus simples sont ceux des fours. Il en existe d'autres qui se placent sur les braises rouges.

LE MATÉRIEL COURANT

Des poêles anti-adhésives

Elles sont toutes recouvertes d'un revêtement anti-adhésif :

le PTFE; il est commercialisé sous les noms de : Téflon, So-réflon, Fluon, Hostaflon, Algoflon.

Ce revêtement résiste à la température de 400°, sans goût ni odeur, il ne se dissout dans aucun solvant; les milieux acides ou alcalins ne l'attaquent pas. Ce matériau est inoffensif.

Cela dit, même bien entretenues, ces poêles doivent être changées tous les deux ou trois ans.

Il faut éviter de couper les aliments sur ce type de revêtement mais utiliser des spatules en bois pour manier les aliments. Pour une cuisine pratique, une poêle de taille moyenne est indispensable.

Une sauteuse
En revêtement anti-adhésif si possible, afin de réaliser une cuisine plus légère qui nécessite moins de matières grasses.

Trois casseroles de trois tailles différentes
En inox ou émaillées, selon vos moyens financiers.

Des plats allant au four
En pyrex, en terre ou en porcelaine à feu.

LE PETIT MATÉRIEL

Une *moulinette* avec trois grilles différentes afin de réaliser des soupes de légumes, des purées, du fromage râpé..., une *passoire*, un *verre mesureur*, un *fouet à main*, une *écumoire*, une *louche*, deux *cuillères en bois* : une pour les préparations salées, une pour les préparations sucrées, une *pelle plate*, un *grand couteau tout usage* (découpage des viandes, des poissons, des grosses pièces de légumes...), un *petit couteau à légume*, un *économe*.

Le tout est d'utiliser ce matériel à bon escient, et dans l'optique d'une cuisine hypocalorique.

Les modes de cuisson

Nous parlerons, dans ce chapitre, uniquement des modes de cuisson traditionnels en les extrapolant et en les adaptant à la cuisine minceur.

BAIN-MARIE

L'aliment ou la préparation est placé dans un récipient qui baigne lui-même dans un récipient plus grand et rempli d'eau.

Cette cuisson nécessite un feu doux car l'aliment ou la préparation ne doit pas bouillir.

Le bain-marie est fréquent lorsqu'on désire réaliser des flans dont la liaison de base est fabriquée à partir d'œufs. Si la préparation bout, cela provoquera l'apparition de bulles et le mélange obtenu ne sera plus homogène.

Si la cuisson est trop rapide, la liaison pourra se rétracter et on obtiendra une préparation concentrée, "durcie" qui baignera dans un exsudat peu appétissant.

Cette technique convient aux préparations à base d'œufs :
— flans salés ;
— crèmes renversées ;
— œufs au lait ;
— œufs brouillés.

Le bain-marie peut se réaliser au four ou sur une plaque électrique ou à gaz.

Il existe une déviance qui consiste à placer l'aliment entre deux assiettes sur une casserole d'eau bouillante :
— filet de poisson ;
— tranche fine de viande.

Nous obtenons ainsi une cuisson absolument sans matières grasses qui conserve tous les minéraux et les vitamines, du moins, ceux qui résistent à la chaleur.

BOUILLI

Il s'agit de faire cuire l'aliment dans de l'eau bouillante, le temps de cuisson étant relatif à l'aliment.
La cuisson "bouillie" n'a pas très bonne réputation.
Cette technique de cuisson pose quelques problèmes de diffusion : les vitamines solubles dans l'eau (C, B) passent dans l'eau de cuisson à raison de 50% pour la vitamine C et de 20 à 30% pour les vitamines du groupe B. Il existe le même problème à propos des minéraux. Pour assurer une meilleure conservation de la valeur nutritive des aliments, il suffit de respecter quelques règles simples mais efficaces :
— bien doser la quantité d'eau nécessaire selon les aliments (mettre le strict minimum);
— plonger les aliments dans l'eau bouillante légèrement salée, puis régler la source de chaleur de façon à conserver un léger frémissement;
— surveiller la cuisson, dont le temps doit être limité.

Tous les aliments se prêtent à ce mode de cuisson.

● Les *légumes verts* (qui seront consommés croquants de préférence, ce qui diminue leur temps de cuisson) : il est recommandé de ne pas les couper en morceaux, afin de limiter les pertes vitaminiques et minérales. La cuisson à l'eau dénature un peu leur couleur, lorsqu'il s'agit de légumes "verts", la chlorophylle jaunit à la chaleur.

● Les *fruits* : la cellulose est moins irritante dans les fruits cuits ou les compotes; les fruits seront plus digestes. Pour limiter les pertes minérales et vitaminiques, laisser la peau des fruits pendant la cuisson.

● Les *viandes* : pour parfumer l'aliment, il est indiqué de rajouter des aromates et des bouquets garnis dans l'eau de cuisson : pot-au-feu, blanquette, poule...

● Les *poissons* : tous les courts-bouillons sont de la partie, tous les aromates et épices peuvent donner un autre fumet aux filets de poissons qui vous semblent fades.

● Les *œufs* : auriez-vous oublié les œufs pochés, durs, mollets...

● Toutes *les céréales* : il est bon de les réhydrater dans de l'eau froide. Saler en fin de cuisson.

LEXIQUE

Blanchir : plonger un légume dans une grande quantité d'eau bouillante 2 à 3 minutes afin de l'attendrir ou de le débarrasser d'un goût fort (choux, par exemple).

Court-bouillon : liquide aromatisé, maintenu frémissant.

Fumet : préparation obtenue en faisant bouillir dans de l'eau ou du bouillon des os, des arêtes et parures de poisson. Il sert de base ou d'arôme pour une sauce.

Pocher : plonger un aliment quelques minutes dans un liquide frémissant.

Réduction : petite quantité de liquide très parfumée obtenue par évaporation d'un liquide aromatisé. Elle sert comme fumet à parfumer une sauce.

BRAISÉ

C'est une cuisson à la vapeur en vase clos. Il faut faire revenir l'aliment dans un corps gras chaud. Pour cette raison, nous ne traiterons pas cette technique de cuisson mais plutôt sa jumelle : "la cuisson à l'étouffée" dont le principe est identique et s'adapte aux mêmes aliments, sans avoir recours au rissolage dans la matière grasse.

ETOUFFÉE

C'est une cuisson à la vapeur en vase clos. Cette cuisson est longue et se réalise à feu doux. On place l'aliment dans le récipient chaud, il est saisi, puis on l'additionne d'une petite quantité de liquide (eau bouillante, vin blanc) avant de le laisser cuire doucement, à couvert.

Le liquide auquel s'ajoute l'eau de composition des aliments se vaporise sous l'action de la chaleur. La vapeur se dépose, se condense sur le couvercle plus froid et retombe au fond du récipient.

Pour ce genre de cuisson, il est indiqué de choisir des cocottes en fonte ou en pyrex. Ces matériaux s'échauffent lentement et permettent une cuisson plus régulière.

Certains aliments supportent mieux la cuisson "à l'étouffée" que d'autres.

● Les *légumes* : les plus fréquemment utilisés sont :
— endives;
— laitues;
— carottes;
— navets;
— fenouils;
— choux.

Généralement, on fait rissoler les légumes après leur cuisson à l'étouffée afin de les caraméliser un peu, l'évaporation de l'eau de composition en facilite la tâche.

● Les *viandes*: ce mode de cuisson convient aux viandes dures et fibreuses. Parmi les viandes de première catégorie, on choisit:
— la culotte de bœuf;
— la tranche de bœuf;
— le gîte à la noix de bœuf.

Ce sont surtout les morceaux de deuxième et troisième catégories qui sont les plus adaptés:
— bœuf: macreuse, épaule;
— porc: épaule (penser à retirer le gras visible);
— veau: épaule, poitrine farcie (penser à retirer le gras visible).

Par exemple, on peut réaliser des paupiettes à l'étouffée.

● Les *poissons*: seuls les poissons à chair ferme et très serrée supportent cette technique de cuisson:
— le thon;
— la lotte.

On peut faire de la cuisson à l'étouffée un "braisé" en badigeonnant les aliments d'huile avec un pinceau (que l'on prend en compte dans le calcul de la ration globale de la journée), ce qui permet plus aisément de les faire rissoler sans risque d'attacher. Avec un fond de braisage qui s'obtient en faisant rissoler des carottes, des tomates et des oignons, en même temps que l'aliment, on crée ainsi un nappage en fin de cuisson.
L'intérêt de cette technique est de communiquer aux viandes-poissons et aux légumes leurs goûts mutuels.

Dauber : faire cuire à l'étouffée, braiser.

Etuver : faire cuire dans une petite quantité de liquide et de corps gras.

Faire revenir : passer les aliments afin d'en raffermir et d'en colorer la surface, dans un récipient badigeonné avec un pinceau de corps gras.

Saisir : cuire à feu vif la partie superficielle d'un aliment pour provoquer, en surface, une certaine coagulation.

AU FOUR

L'aliment est directement exposé à la chaleur.
Il est indispensable, pour que la chaleur saisisse l'aliment, de faire chauffer le four 5 à 10 minutes avant le début de la cuisson.
Il ne faut pas que l'aliment baigne dans son jus.
Si vous avez un four électrique, il n'est pas indispensable d'arroser l'aliment en cours de cuisson. Par contre, la chaleur des fours à gaz est sèche et il est bon d'arroser l'aliment en cours de cuisson avec son propre jus.
Tous les aliments supportent cette technique de cuisson, mais chaque groupe nécessite des précautions particulières.

● Les *légumes* : c'est surtout sous forme de gratins qu'on les met au four. Ces gratins dorent sous le beurre, la chapelure ou le gruyère dont on les saupoudre.
Afin d'éviter un excès de matières grasses, il est possible de

recouvrir le plat d'une feuille de papier d'aluminium et de laisser dorer les dernières minutes en retirant cette feuille.
Pour la cuisine minceur :

● Les *viandes* et les *volailles* : la barde du rôti peut être en partie enlevée (ou même entièrement enlevée).
La viande à rôtir est très légèrement enduite de matière grasse, posée soit à même le plat à rôtir soit dans un plat muni d'une grille pour que la viande ne baigne pas dans la matière grasse s'écoulant de sa chair.
Il n'est pas nécessaire de mettre un corps gras sur les volailles pour qu'elles deviennent dorées et croustillantes. Avant cuisson, elles doivent être piquées avec une fourchette pour laisser s'écouler la graisse animale située entre la chair et la peau.
Selon la viande, le temps de cuisson et la température du four varient :
— viande rouge : 30 mn/kg. Elle donne un jus rosé (bœuf, mouton) ;
— viande blanche : veau : 60 mn/kg, porc : 70 mn/kg, volaille : 45 mn/kg. Elle libère un jus incolore.

La forme et l'épaisseur des morceaux peuvent faire varier les temps de cuisson. On choisira toujours des viandes tendres de première catégorie :
— bœuf : noix, sous-noix, noix patissière, quasi, longe ou rognons ;
— mouton : gigot, filet, épaule désossée (2ᵉ catégorie) ;
— porc : filet, échine ;
— volaille : "jeunes".

A propos de la température du four, il faut saisir les viandes :
— viandes rouges : four vif : th 8/9, température 250° ;
— viandes blanches : four chaud : th 7/7,5, température 200°.

Trois principes à retenir pour la cuisson des viandes au four:
— la saisir;
— ne pas la piquer;
— saler en fin de cuisson.
Cela afin de conserver vitamines et minéraux et d'éviter à la viande de se vider de son suc ce qui aurait pour effet d'obtenir une viande sèche et dure.

● Les *poissons*: ils cuisent au four dans un liquide qui s'évapore en cours de cuisson. On peut le protéger des coups de feu en le saupoudrant d'herbes ou aromates qui le parfumeront par ailleurs.

● Les *œufs*: leur cuisson au four se fait au travers du bain-marie.
Les cuissons au four peuvent s'alléger des matières grasses grâce à l'utilisation de plats anti-adhésifs ou de papier d'aluminium.

LEXIQUE

Arroser: mouiller la surface de la préparation en train de cuire.

Brider: passer une ficelle à l'aide d'une aiguille à brider pour attacher les membres d'une volaille ou refermer un morceau désossé avant de le faire cuire.

Déglacer: verser un liquide bouillant sur l'exsudat d'un aliment ayant caramélisé à la cuisson de manière à le diluer.

Lèchefrite: pièce creuse adaptée aux dimensions du four dans laquelle on recueille le jus produit par le rôtissage d'un aliment.

Ici aussi l'aliment est directement en contact avec une source chaude. Les meilleurs grils sont en fonte car ils se chauffent uniformément.

Seuls les aliments tendres supportent ce mode de cuisson; nous ne parlerons, dans ce chapitre, que du groupe des viandes et des poissons.

● Choix des *viandes*: on sélectionne des viandes de première catégorie:
— bœuf: rumsteack, faux-filet, filet.
    Mais aussi en deuxième catégorie: entrecôte, bavette;
— veau: escalopes (noix, sous-noix, noix patissière);
— mouton: tranches de gigot, filet.

● Choix des *poissons*: les poissons de petites tailles comme les sardines, le maquereau, les merlans conviennent. Les poissons en tranche comme le cabillaud, le thon, supportent aussi ce mode de cuisson.

Conditions de réussite
L'aliment doit être saisi: il est nécessaire de chauffer suffisamment le gril.
De la même façon que pour les cuissons au four, il faut saler après cuisson et éviter de piquer les aliments de manière à limiter la fuite des sucs.
Si la grillade se fait dans un four, laisser la porte entrouverte à cause de l'humidité dégagée.

PAPILLOTE

Le principe de cette technique repose sur l'utilisation du papier d'argent ou papier d'aluminium.

L'aliment cuit doucement dans son humidité comme à l'étouffée.
Tous les aliments supportent ce mode de cuisson.

● Les *légumes* : ils conservent vitamines et minéraux; la chlorophylle jaunit.

● Les *fruits* : attendrissement des fibres.

● Les *viandes* : les papillotes conviennent tout particulièrement aux viandes sèches comme les volailles, le lapin. Accompagnés d'aromates, nous obtenons des plats extraordinairement moelleux, à condition de prendre des petites pièces de viandes.

● Les *poissons* : on retrouve le goût véritable de la chair du poisson sans qu'il y ait de déshydratation.

● Les *œufs* : au travers de liaison, dans des farces d'accompagnement des légumes.
C'est un excellent moyen de supprimer les graisses d'assaisonnement et de redécouvrir les diverses saveurs des aliments.

VAPEUR

La définition de la cuisine vapeur est de maintenir l'aliment dans une vapeur d'eau.
La plus couramment rencontrée est la cuisson à l'autocuiseur; mais de plus en plus d'appareils de cuisson chinois, japonais, allemands (les deux premiers étant les spécialistes de la cuisson à la vapeur) se trouvent en vente dans les grandes surfaces.

La cuisson à la vapeur est une variante de la cuisson à l'eau, si ce n'est qu'ici, il n'y a aucun contact avec l'eau.

Les pertes par diffusion sont moindres. La seule perte vitaminique réelle est celle en vitamine C qui est hypersensible à la chaleur. Le liquide qui donne naissance à la vapeur est placé sous l'aliment.

Cela peut être simplement de l'eau, les aliments conservent alors leur saveur propre, ou bien il peut s'agir d'un liquide parfumé : bouillon, eau plus aromates ou herbes diverses qui donnent une saveur particulière aux aliments.

Tous les aliments peuvent être cuits à la vapeur.

● Les *légumes* : pour éviter de trop grandes pertes vitaminiques et minérales, on choisit l'autocuiseur. Cette cuisson s'effectue sous pression. Il faut mesurer avec soin les quantités de liquides utilisées. Il ne produit aucune évaporation, on utilise moitié moins d'eau que les quantités habituelles. L'autocuiseur concentre les saveurs, les aromates ne sont donc pas de rigueur. Pour obtenir une bonne cuisson, il est nécessaire de baisser le chauffage dès que la soupape se met à tourner.

Le temps de cuisson est compté à partir de la montée de la pression (dès que la soupape bouge). La nouvelle cuisine préconise des légumes "al dente", leur temps de cuisson s'en voit diminué, les pertes minérales et vitaminiques sont moindres.

● Les *viandes* : ce sont surtout les viandes blanches qui supportent le mieux la cuisson à la vapeur, comme le veau et le porc, ainsi que les volailles (poule, poulet, lapin...). Dans le cas de la viande, on augmente la qualité organoleptique (saveur) en utilisant des liquides aromatisés (exemple : la sauge rehausse le goût du porc, le thym celui du veau... Laissez voguer votre imagination).

● Les *poissons*: ils supportent aussi très bien ce mode de cuisson. Dans les nouvelles recettes, on retrouve des poissons cuits à la vapeur sur un lit de légumes. Dans ces cas-là, il faut choisir des poissons à chair tendre: sole, limande qui cuisent vite afin de ne pas dénaturer les légumes par un temps de cuisson trop lent.

A ce moment-là, le liquide de fond sera de l'eau nature, le poisson s'imprégnant de la saveur des légumes.

LEXIQUE

Autocuiseur: toutes les cocottes minute qui se trouvent sur le marché fonctionnent de la même façon et correspondent à cette appellation.

Couscoussier: tout récipient qui cuit à la vapeur.

Gril: récipient dans lequel les aliments reposent au-dessus du liquide.

Tamis: grilles superposées utilisées en cuisine chinoise pour la cuisson à la vapeur.
On pose sur chaque tamis des ingrédients bien déterminés que l'on superpose dans un ordre précis, selon les saveurs que l'on désire obtenir.

Wok: récipient métallique d'origine chinoise.

Conseils d'assaisonnements

Lorsqu'il s'agit de régime hypocalorique, minceur ou d'une autre appellation, la grande angoisse des intéressés est: comment préparer les aliments et que faut-il ajouter ou ôter, ètc...? En fait, nous manquons tous, non pas de temps mais d'imagination en ce qui concerne la préparation et la réalisation des plats; c'est ce qui fait le succès des restaurants de la "nouvelle cuisine"! Certains grands chefs, grâce à leur génie, présentent enfin différemment les aliments, revalorisent leurs goûts en les "écrémant" de toutes les sauces de la cuisine traditionnelle. Et ils ne font rien de plus qu'adapter tous les modes culinaires que nous venons de citer mais à bon escient et en considérant le contenu d'une assiette comme une œuvre d'art! Non seulement ils permettent de retrouver les goûts véritables de tel ou tel aliment, mais ils savent les mettre en valeur par une belle présentation avec beaucoup de couleurs et de raffinement.

Rien ne nous empêche d'en faire autant! Le tout est d'y consacrer un peu plus d'énergie créatrice!

En résumé, voici comment utiliser les modes culinaires à bon escient, par catégorie d'aliments.

● Pour les *viandes* :
— rôties au four avec des herbes de Provence;
— grillées avec du jus de citron en fin de cuisson;
— cuites sans adjonction de graisses dans une poêle anti-adhésive;
— à la broche (brochette);
— à l'eau avec un bouquet garni (pot-au-feu, jarret de veau).

● Pour les *poissons* :
— au four (sur un hachis d'échalotes étuvées ou sur des rondelles de tomates et de citron...);
— en papillotes d'aluminium (avec des herbes sèches ou du persil, du citron, de l'ail, du paprika...);
— au court-bouillon avec un bouquet garni, des oignons et des rondelles de carottes.

● Pour les *œufs*:
— à la coque, mollets, durs, pochés;
— "cocotte": dans un ramequin au bain-marie;
— omelette dans une poêle anti-adhésive.

● Pour les *légumes*:
— à la vapeur, à l'autocuiseur;
— à l'eau (dans un minimum d'eau);
— au four sans graisse;
— à la poêle anti-adhésive.

Utiliser au maximum les aromates: poivre, muscade, clou de girofle, laurier, fenouil, sauge, estragon, ciboulette, basilic, origan, thym, curry, safran, moutarde, cornichons, câpres, qui n'apportent aucune calorie.

Désignation	Présentation	Usages
Ail	Bulbes Poudre déshydratée	Sauces de crudités, potages, viandes, légumes, fromage blanc
Basilic	Feuilles	Potages, certains légumes : tomates, aubergines, courgettes, laitues, viandes, poissons, fromage blanc
Bourrache	Jeunes feuilles fraîches	Potages, sauces de crudités
Câpres	Fruits	Sauces de crudités, poissons, viandes crues
Cerfeuil	Feuilles	Sauces de crudités, potages, œufs, légumes
Ciboulette	Tiges	Sauces de crudités, potages, viandes, œufs, légumes (laitue, tomates, épinards), fromage blanc
Citron	Jus	Sauces de crudités, poissons, crustacés
	Rondelles	En rondelles dans la cuisson au four, afin d'éviter l'utilisation de matières grasses
Clou de girofle	—	Cuisson à l'eau
Coriandre	Graines	Cuisson à l'eau

Désignation	Présentation	Usages
Cornichons	—	Décoration! Sinon amènent du piquant à tous les aliments
Curry	Poudre	Poulet, veau, poisson, porc, riz
Echalote	Bulbes	Cf. oignons
Estragon	Branches	Sauces de crudités, potages, viandes, poissons, œufs, légumes (aubergines, navets, tomates), fromage blanc
Genièvre	Fruit du genévrier	Potages, viandes, poissons, légumes (choux, carottes)
Gingembre	Tiges à râper	Donne une saveur très poivrée. Légumes (carottes, courgettes...), viandes, fromage blanc
Laurier	Feuilles	Viandes, poissons, légumes Base du bouquet garni avec le thym et le persil
Noix de muscade	Poudre	Veau, légumes (navets, bettes, choux, épinards)
Menthe	Feuilles	Sauces de crudités, viandes, potages froids (tomates, concombres), fromage blanc
Moutarde	—	Partout: sauces chaudes, froides, préparations au four. En remplacement de la matière grasse

Désignation	Présentation	Usages
Oignons	Bulbes Poudre déshydratée	Sous forme de "lit", sous les aliments, en remplacement de la matière grasse. Fond de rissolage. Agrémente toutes les préparations salées et s'utilise comme légume à part entière
Origan	Poudre déshydratée	Potages, viandes, poissons, légumes (courgettes, tomates, aubergines, fenouil)
Paprika	Poudre	Sauces de crudités, viandes, œufs, potages, fromage blanc
Persil	Tiges, feuilles Déshydraté	Bouquet garni. Parfume et ajoute sa note de couleur dans de nombreux plats
Piment	Frais, au vinaigre Déshydraté, en poudre	Crudités, viandes, poissons, œufs, légumes, fromage blanc
Poivre	Poivre noir : grains Poivre blanc : moulu Poivre concassé ou mignonnette Poivre vert frais	Avant et après cuisson Relève tous les plats chez les amateurs de sensations fortes (idem piment)

Désignation	Présentation	Usages
Romarin	Branches	Viandes, poissons, œufs, légumes, potages
Safran	Poudre	Poissons, légumes (courgettes, tomates, poivrons)
Sariette	Feuilles	Viandes, poissons, œufs
Sauge	Feuilles	Potages, viandes blanches, poissons, légumes, fromage blanc
Thym	Branches, feuilles Poudre	Bouquet garni. Relève et parfume tous les plats et toutes les sauces
Vinaigres	De vin, d'alcool, de cidre	Vinaigrette. Sauces chaudes. Bouillon, en remplacement du vin

Les menus

Rations - Répartitions

La ration d'un individu correspond à la quantité d'aliments qu'il doit consommer journellement pour couvrir ses besoins.

Ce chapitre est une adaptation pratique du chapitre sur les besoins.

Pour établir une ration, il est nécessaire de suivre quelques règles d'équilibre entre le déjeuner et le dîner :

● par repas :
— 1 crudité (légume ou fruit) au moins.

● par jour :
— 2 plats protidiques (afin de conserver le capital musculaire);
— 1 plat principal de légumes cuits;
— 1 plat principal de féculents (si le taux calorique l'autorise).

Il s'agit là d'un minimum à respecter. Par exemple : un repas peut comporter deux crudités, de toutes les façons le besoin en vitamine C et en fibres sera couvert.

Vérification de l'équilibre

△ : symbole du calcium (produits laitiers).
○ : symbole de la vitamine C (fruits et légumes).
□ : symbole des protides (viandes-poissons-œufs).
− : symbole de la vitamine A (beurre et huile en tant que vecteurs).
◇ : symbole de l'énergie (féculents).

Les cinq symboles présents, nous sommes sûrs d'obtenir une ration équilibrée.

EXEMPLE DE RATION À 1200 CALORIES

Lait écrémé	: 200 ml	△
Produits laitiers demi-écrémés	: 3	△
Viandes-poissons-œufs	: 200 g	□
Féculents pesés cuits ou équivalent	: 100 g ou pain: 40 g	◇
Légumes	: 600 g	○
Fruits	: 300 g	○
Matières grasses	: 20 g	−

Ce qui donne lieu à la répartition suivante au cours de la journée.

Petit déjeuner
200 ml de lait écrémé
Céréales ou équivalent: 100 g + 10 g de beurre (soit 40 g de pain + 10 g de beurre)
1 produit laitier

Déjeuner
100 g de crudités + 5 g d'huile
100 g de viandes-poissons-œufs ⎫
200 g de légumes verts ⎬ sans graisse
1 produit laitier ⎭
150 g de fruits

Dîner
Idem déjeuner

Cette répartition est un exemple, elle peut varier à l'infini en utilisant de façon cohérente les équivalences :
— entre les produits laitiers et les viandes-poissons-œufs ;
— entre les céréales et le pain.

EXEMPLE DE RATION À 1500 CALORIES

Lait écrémé	: 200 ml	△
Produits laitiers demi-écrémés :	3	△
Viandes-poissons-œufs	: 200 g	□
Féculents pesés cuits	: 200 g	◇
Pain	: 50 g	◇
Légumes	: 600 g	○
Fruits	: 300 g	○
Matières grasses	: 30 g	—

Ce qui peut donner lieu à au moins deux sortes de répartition au cours de la journée.

Petit déjeuner
200 ml de lait écrémé ou équivalent
50 g de pain ou équivalent
10 g de matières grasses
1 produit laitier

Déjeuner
100 g de crudités + 5 g d'huile
100 g de viandes-poissons-œufs ⎫
200 g de féculents ⎭ + 5 g de beurre
1 produit laitier
150 g de fruits

Dîner
100 g de crudités + 5 g d'huile
100 g de viandes-poissons-œufs ⎫
400 g de légumes verts ⎭ + 5 g de beurre
1 produit laitier
150 g de fruits

ou

Petit déjeuner
200 ml de lait écrémé ou équivalent
50 g de pain ou équivalent
10 g de matières grasses
1 produit laitier

Déjeuner
100 g de crudités + 5 g d'huile
100 g de viandes-poissons-œufs ⎫
200 g de légumes verts ⎭ + 5 g de beurre
1 produit laitier
150 g de fruits
40 g de pain

Dîner

100 g de crudités + 5 g d'huile
100 g de viandes-poissons-œufs ⎫
200 g de légumes verts   ⎬ + 5 g de beurre
1 produit laitier   ⎭
150 g de fruits
40 g de pain

En fait, en maniant les équivalences à bon escient, vous pouvez structurer votre répartition différemment, le tout est de consommer l'ensemble des aliments proposés dans la ration (cf. "Annexe équivalences entre les aliments").

EXEMPLE DE MENUS À 1200 CALORIES [1]

Petit déjeuner

Café ou thé au lait	Corn-flakes + lait	Café au lait
40 g de pain + 1	1 jus de fruit	1 croissant
noix de beurre	1 yaourt	Fromage blanc
1 yaourt		

Déjeuner

Champignons aux trois salades	Concombre à la Bulgare	Carottes au citron
Lieu en papillote	Foie au vinaigre	Gigot au thym
Fondue de courgettes	Chou-fleur	Haricots verts
Fraises au fromage blanc	Orange	Tome
		Fruits givrés

Dîner

Tomates chaudes au gruyère	Potage de légumes	Salade verte
Omelette aux herbes	Quiche "sans fond"	Endives au saumon
Batavia	Suisses	Yaourt
Poire		Pomme

EXEMPLE DE MENUS À 1500 CALORIES [1]

Petit déjeuner

Café ou thé au lait	Corn-flakes + lait	Café au lait
40 g de pain + 1	1 jus de fruit	1 croissant
noix de beurre	1 yaourt	Fromage blanc

Déjeuner

Fenouil en salade	Cocktail de	Melon
Coquillages à	crevettes + toasts	Marinade de poulet
l'étuvée	Bœuf à la ficelle	Pommes en robe des
Riz aux	Julienne de légumes	champs
champignons	Glace à la vanille	Camembert
Comté		Ananas
Fruit givré		

Dîner

Fromage blanc au	Salade d'endives +	Potage à la tomate
paprika	pomme + gruyère	Mousse de thon
Soufflé au jambon	Pâtes au saumon	Salade
Salade verte	Salade de fruits frais	Munster
Pamplemousse		Tarte aux pommes

[1] Cf. *La santé par la cuisine minceur*, Christine **Craplet** - Editions **De** Vecchi.

L'après-régime

Après quelques semaines de régime hypocalorique, vous avez retrouver votre poids de forme.

Attention, il ne faut pas que vous retombiez dans vos anciennes erreurs car le résultat que vous avez obtenu disparaîtrait bien vite.

Vous reprendriez du poids et tout serait à recommencer. Jusqu'au jour où votre organisme, s'étant habitué à l'alternance entre une alimentation restrictive et une alimentation libérale, résistera à des régimes de plus en plus sévères (cf. "Introduction").

Il faut donc stabiliser le poids de forme que vous avez retrouvé. Comment faire? Vous avez appris à choisir vos aliments, à éviter les calories inutiles, à manger suivant les besoins réels de votre organisme. Vous faites des repas équilibrés, un vrai petit déjeuner; vous ne grignotez plus entre les repas, vous aimez moins le goût sucré.

Vous avez pris de bonnes habitudes.

Vous pouvez augmenter votre ration calorique progressivement tout en conservant ces bonnes habitudes alimentaires que vous avez acquises (1800 ou 2000 calories).

La balance sera votre meilleur juge: attention! Dès que vous reprenez du poids, cela signifie que votre ration calorique est trop élevée. Revenez à un niveau inférieur.

Cette sagesse n'interdit pas de faire parfois de bons repas en famille, entre amis. Vous connaissant mieux, vous pouvez faire parfois des écarts sans danger pour votre poids. Les jours suivants, vous compenserez ces quelques excès par quelques restrictions : vous reprendrez votre régime hypo-calorique (1200 à 1500 calories par exemple) jusqu'à ce que le ou les kilos repris aient disparu.

EXEMPLE DE RATION À 1800 CALORIES

Lait demi-écrémé	: 200 ml	△
Produits laitiers demi-écrémés	: 2	△
Fromage	: 30 g	△
Viandes-poissons-œufs	: 200 g	□
Féculents	: 250 g	◇
Pain	: 90 g	◇
Légumes	: 600 g	○
Fruits	: 300 g	○
Matières grasses	: 35 g	—

Ce qui peut donner lieu à plusieurs sortes de répartition au cours de la journée, par exemple :

Petit déjeuner
200 ml de lait demi-écrémé ou équivalent
50 g de pain ou équivalent
15 g de matières grasses
1 produit laitier

Déjeuner

100 g de crudités + 5 g d'huile
100 g de viandes-poissons-œufs ⎫
250 g de féculents ⎬ + 5 g de beurre
1 produit laitier ⎭
150 g de fruits

Dîner

100 g de crudités + 5 g d'huile
100 g de viandes-poissons-œufs ⎫
400 g de légumes verts ⎬ + 5 g de beurre
30 g de fromage ⎭
150 g de fruits
40 g de pain

EXEMPLE DE RATION À 2000 CALORIES

Lait demi-écrémé	: 200 ml	△
Produit laitier demi-écrémé :	1	△
Fromage	: 50 g	△
Viandes-poissons-œufs	: 250 g	□
Féculents	: 250 g	◇
Pain	: 110 g	◇
Légumes	: 600 g	○
Fruits	: 300 g	○
Matières grasses	: 35 g	—

Ce qui peut donner lieu à plusieurs répartitions au cours de la journée. Par exemple :

Petit déjeuner

200 ml de lait demi-écrémé ou équivalent
50 g de pain ou équivalent
15 g de matières grasses
1 produit laitier

Déjeuner

100 g de crudités + 5 g d'huile
125 g de viandes-poissons-œufs ⎫
250 g de féculents ⎬ + 5 g de beurre
25 g de fromage ⎭
150 g de fruits
30 g de pain

Dîner

100 g de crudités + 5 g de beurre
125 g de viandes-poissons-œufs ⎫
400 g de légumes verts ⎬ + 5 g de beurre
25 g de fromage ⎭
150 g de fruits
30 g de pain

Remarque. Nombreux sont ceux qui en lisant ces deux rations diront: "Je ne mange pas autant de pain ou de féculents"!

C'est peut être exact mais n'oubliez pas les matières grasses et le sucre que vous consommez en plus sous forme visible ou cachée dans certains aliments (gâteaux, boissons...) ou certaines préparations (sauces, yaourts sucrés...).

Exemple de menus à 1800 calories

Petit déjeuner

Café ou thé au lait	Corn-flakes + lait	Chicorée au lait
Pain + beurre	1 jus de fruit	Biscottes + beurre
1 yaourt	Petit suisse	Fromage blanc

Déjeuner

Tomates en salade	Céleri rémoulade	Concombre au yaourt
Poulet rôti	Dorade au four	Cervelle aux câpres
Fromage blanc	Yaourt	Cerises
Pommes	Pêche	

Dîner

Potage julienne	Velouté de tomates	Pamplemousse
Œufs cocotte	Steak tartare	Jambon
Salade au Roquefort	Salade composée	Epinards à la crème
Poire pochée	Mimolette	Chèvre
	Poire pochée	Salade de fruits

129

Exemple de menus à 2000 calories

Petit déjeuner

Café ou thé au lait	Corn-flakes + lait	Chicorée au lait
Pain + beurre	1 jus de fruit	Biscottes + beurre
1 yaourt	Petit suisse	Fromage blanc

Déjeuner

Carottes râpées	Œuf en gelée	Radis
Moules marinières	Lapin moutarde	Rôti de porc
Riz créole	Pommes vapeur	Lentilles
Camembert	Comté	Tome blanche
Raisins	Orange	Pomme

Dîner

Salade verte	Potage de légumes	Crème de
Croque-Monsieur	Filet de poisson	champignons
Compote de poires	vapeur	Soufflé au fromage
	Endives	Salade verte
	Brie	Banane
	Figues	

Les poids indiqués sont considérés sans déchet, aliments crus. Vous pouvez remplacer:

100 g de viande rouge maigre par:
— 100 g de viande blanche maigre;
— 100 g de gigot maigre;
— 100 g de foie;
— 100 g de poisson;
— 65 g pesés de rôti de veau, porc, dindonneau, de volaille sans peau, de lapin;
— 100 g de jambon maigre;
— 2 œufs;
— 100 g de noix de coquilles St-Jacques, de calmars, de seiches;
— 250 g de fromage blanc;
— 100 g de crevettes, crabe, langouste, langoustines, homards ou 250 g avec déchets;
— 500 g d'huîtres (environ 1 douzaine);
— 300 g de moules.

100 g de fromage blanc à 30% de M.G. par:
— 1 yaourt nature;
— 200 ml de lait demi-écrémé;
— 1 œuf;
— 50 g de jambon maigre.

100 g d'artichaut entier, asperge, aubergine, bette, brocoli, cardon, champignon de Paris, cèpe, cœur de palmier, côte de céleri, chou blanc, chou vert, chou-fleur, chou rouge, choucroute crue non cuisinée, courgette, endive, épinard,

131

fenouil, girolle, oseille, poivron, potiron, salade, radis, haricot vert par:
— 150 g de concombres, tomates;
— 50 g de betterave, carotte, céleri rave, choux de Bruxelles, fond d'artichaut, petits pois, raifort, salsifis.

150 g d'ananas, mûres, pêche, pomme par:
— 300 g de melon, groseilles;
— 250 g de pamplemousse, fraises;
— 200 g de framboises, mandarine, orange;
— 180 g d'abricots, prunes;
— 120 g de cassis, poire, brugnon;
— 100 g de litchis crus, cerises;
— 75 g de raisins, banane, nèfles, figues.

100 g de pomme de terre par:
— 25 g de riz, pâtes, semoule pesés crus (ou 100 g poids cuit, soit 3 cuillères à soupe bombées);
— 25 g de farine, maïzena, crème de riz, fécule de pomme de terre;
— 25 g de semoule de maïs ("polenta") poids cru;
— 25 g de tapioca (poids cru);
— 30 g de légumes secs;
— 25 g de flocons de pommes de terre;
— 40 g de pain;
— 3 biscottes.

10 g d'huile (1 cuillère à soupe) par:
— 10 g de beurre ou margarine;
— 30 g de crème fraîche;
— 20 g de beurre allégé.

Tableau de quelques aliments pour 100 g - Correspondance en kilojoules et kilo-calories

Aliments	KJ	Kcal
Laitages, matières grasses et œufs		
Lait entier	250	60
Lait	125	30
Fromage blanc 40%	500	120
Fromage blanc 0%	170	120
Yaourt au lait entier	250	60
Crème fraîche	1130	270
Beurre/margarine	3100	740
Beurre allégé	1550	370
Gruyère	375	269
Cantal/Hollande/St-Paulin	375	269
Fromage 25%	744	180
Camembert/Brie/Livarot/		
Pont-Lévêque	1475	340
Huiles	3700	900
Œufs	335	80
Viandes		
Poulet/lapin/dinde	460	110
Foie/cœur/rognon/cervelle	620	150
Bœuf/mouton	837	200
Veau	620	160
Porc	1088	260
Jambon	900	215
Charcuterie (en moyenne)	1840	440

Aliments	KJ	Kcal
Poissons		
Saumon/thon	920	220
Hareng/maquereau/esturgeon/ sardine	502	120
Turbot/colin/cabillaud/sole	585	140
Aliments sucrés		
Sucre	1670	400
Miel	1200	300
Chocolat	2150	515
Confiture	1170	280
Boissons		
Cidre	105	25
Bière	151	36
Vin	126	30
Fruits		
Abricot	251	60
Banane	380	60
Pomme/poire	210	50
Orange/mandarine/pamplemousse	170	40
Pêche	272	65
Raisin	376	90
Prune	314	75
Noix/noisette/amande	2511	600
Cerise	314	75
Fraise	184	44
Framboise	259	62
Melon	167	40

Aliments	KJ	Kcal
Légumes		
Asperge	89	20
Artichaut	314	75
Betterave	189	45
Carotte	189	45
Céleri	126	30
Champignon	168	40
Chou	201	48
Chou-fleur	143	34
Concombre	67	16
Endive	105	25
Epinard	209	50
Haricot vert	168	40
Persil	0	0
Poireau	147	35
Tomate	93	22
Salade verte	63	15
Féculent et farine		
Légume sec	1382	330
Pâte alimentaire	1464	350
Petit pois	273	65
Pomme de terre	502	120
Pain	1088	260

Table des matières

*Achevé d'imprimer
en décembre 1984
à Milan, Italie, sur les presses
de Grafiche Milani*

*Dépôt légal: décembre 1984
Numéro d'éditeur: 1091*